SUMÁRIO

INTRODUÇÃO

Há um mundo oculto, permeado entre os cantos mais sombrios da Internet, onde o engano prospera e a confiança e inocência são exploradas. Este é o submundo dos golpes online, um panorama digital habitado por golpistas gananciosos que têm como alvo os desprevenidos navegantes virtuais. À medida que a tecnologia avança e nossas vidas se tornam cada vez mais interconectadas, a ameaça dos golpes online assume uma importância sem precedentes.

Imagine isso: você recebe um e-mail supostamente de uma instituição financeira informando de uma compra de alto valor que você supostamente realizou e pedindo seus dados para o cancelamento dela. Você também pode ser confrontado com anúncios tentadores de investimentos milagrosos ou com ofertas irresistíveis em sites de compras online e até mesmo espaços como grupos no Facebook. Talvez até mesmo tenha se deparado com mensagens enganosas nas redes sociais, fingindo serem de amigos ou familiares, ou desconhecidos bem aparentados e interessados em você. Lojas que parecem confiáveis e com centenas de recomendações, disponibilizando produtos a preços predatórios perto das ofertas disponíveis em instituições e redes de lojas reconhecidas. Esses são apenas alguns exemplos do vasto mundo de golpes online que proliferam na era digital.

Hoje os golpes que foram passados durante décadas estão ficando depreciados e sendo substituídos por uma gama ainda maior de golpes digitais, com possibilidades de ganhos bem mais fáceis do que nos antigos golpes. Golpes como o Golpe do Bolinho de Dinheiro, Golpe do Bilhete Premiado, Golpe do Anel de Ouro, Golpe do Troco Falso, e outros, apesar de ainda utilizados e se ouvir relatos nos dias de hoje, estão sendo deixados de lado devido a facilidade da execução de outros golpes mais lucrativos no mundo digital.

Neste manual, mergulharemos fundo na escuridão da fraude digital, expondo os mecanismos e táticas utilizados por golpistas para ludibriar, enganar e roubar. No entanto, este livro não é apenas uma jornada pelas sombras. É um guia abrangente que visa equipá-lo com o conhecimento e habilidades necessárias para navegar com segurança no vasto oceano da Internet.

Ao longo das próximas páginas, examinaremos os vários tipos de golpes online, desde os infames esquemas utilizando Engenharia Social e ligações falsas até os golpes de investimento e as fraudes de compras online. Vamos adentrar a mente dos golpistas, entender seus motivos e aprender a identificar os sinais de alerta que nos advertem sobre possíveis ameaças.

Por que este conhecimento é vital? Porque a prevenção é a nossa melhor defesa. À medida que você se aprofundar na compreensão dos golpes online, descobrirá que a propagação da informação é sua maior aliada. Ao estar ciente dos perigos, você se torna mais resiliente e capaz de proteger a si mesmo, sua família e seus bens, evitando problemas para você e para pessoas próximas.

O objetivo é claro: informar, educar e capacitar. Este não é apenas um livro sobre ameaças, mas um guia prático de como se proteger no mundo digital. Você aprenderá a reconhecer os golpes, a se proteger contra eles e a tomar medidas para denunciá-los, quando necessário. À medida que avançamos nesta jornada, mantenha uma coisa em mente: você não está sozinho. Milhões de pessoas em todo o mundo têm enfrentado e superado os desafios dos golpes online. Suas histórias e experiências serão compartilhadas aqui para inspirar e guiar você.

Agora, você vai nos acompanhar nesta exploração do complexo e fascinante universo dos golpes online. Juntos, iniciaremos uma jornada de fortalecimento da nossa segurança no mundo digital.

O SUBMUNDO DOS GOLPES

Para entender os golpes aplicados atualmente, é necessário entender o ecossistema em que são aplicados, a maioria desses golpes é feito pela Internet, que pode ser comparada a um vasto território virtual que abrange todos os cantos do planeta. Nesse cenário, onde a comunicação e a informação fluem livremente, na maioria das vezes com pouca ou nenhuma regulação, os golpistas encontram um terreno fértil para suas artimanhas.

No submundo dos golpes online, não importa se você é jovem ou idoso, experiente ou novato na internet. Os golpistas têm como alvo uma ampla gama de pessoas, mas alguns grupos são particularmente vulneráveis. Pessoas idosas, muitas vezes menos familiarizadas com as complexidades do mundo digital, estão entre os alvos preferenciais. Sua falta de experiência pode torná-las mais propensas a cair em golpes de phishing (você vai entendê-los mais a frente), por exemplo. Possuindo os dados mais confidenciais de um indivíduo, como documentos, e-mails, credenciais para contas bancárias, e-mails e outros, os celulares e computadores hoje são um alvo muito lucrativo para golpistas.

Outro tipo de alvo dos golpistas são os desempregados, por estarem em uma situação de vulnerabilidade, sem uma renda fixa, acabam por aceitar realizar pagamentos ou passar informações por acreditarem em uma promessa de emprego ou de aprendizado. Infelizmente acabam perdendo o pouco que guardam para poder sobreviver até se recolocarem no mercado de trabalho ou garantir alguma fonte de renda.

Nessa terra digital, esses grupos que têm menos familiaridade com a tecnologia acabam deixando escapar detalhes que são essenciais para garantir a legitimidade de qualquer operação digital.

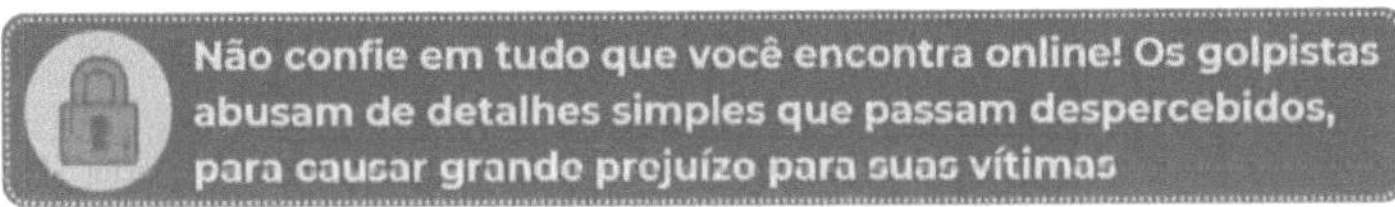

Além disso, também podemos adicionar nesse grupo mais vulnerável aqueles que estão em busca de oportunidades financeiras, como investidores ávidos ou indivíduos com dificuldades financeiras, ou os que buscam uma maneira de enriquecer, podem ser mais suscetíveis a promessas enganosas de lucros fáceis. Golpistas muitas vezes se aproveitam da ganância e da necessidade das pessoas para atrair suas presas, aliando isso a um senso de urgência que não existe, para diminuir ainda mais a suspeita da vítima de que aquilo pode ser mais um de muitos golpes.

A identificação desses golpistas no mundo online pode ser uma tarefa árdua. Eles frequentemente se escondem por trás de identidades falsas, sites fraudulentos, usando terceiros como "laranjas" e mensagens convincentes. A tecnologia moderna permitiu que golpistas criassem cenários virtuais (como lojas falsas, sites com ofertas muito atrativas, perfis falsos para se passarem por outras pessoas etc.) que parecem genuínos, se diferenciando de cenários reais por apenas pequenos detalhes, tornando a detecção de suas atividades enganosas um desafio.

Com um número colossal de possíveis e reais vítimas, os habitantes do submundo dos golpes vão se adaptando e criando golpes que atingem cada vez mais as pessoas, muitas vezes pessoas informadas ou até que tem uma certa afinidade com tecnologia. Os golpes são inúmeros assim como o prejuízo financeiro causado por esses golpistas. Com uma variedade de golpes que vão desde um envio de mensagem de um número falso tentando ganhar a confiança da vítima, até um esquema elaborado de troca de máquinas de pagamento ou um tipo de golpe que pode durar meses até ser executado, as opções para ser prejudicado no mundo digital só aumentam a cada dia.

Reconhecer que certos grupos, como idosos, desempregados e aqueles em busca de oportunidades financeiras, são mais suscetíveis a golpes é um primeiro passo importante para protegê-los. Campanhas de conscientização direcionadas a esses grupos podem ajudar a reduzir sua vulnerabilidade, ensinando-os a abordar ofertas e propostas online com ceticismo e a buscar orientação quando algo parecer suspeito. A verificação cuidadosa é a chave para evitar golpes. Isso inclui verificar a identidade das pessoas com as quais você interage online, a autenticidade de sites e ofertas, e sempre questionar a validade de qualquer transação que pareça boa demais para ser verdadeira. Além disso, os usuários devem ser incentivados a buscar informações de contato verificáveis e revisar as políticas de segurança das plataformas e serviços online que utilizam.

No próximo capítulo, aprofundaremos nossa compreensão da psicologia dos golpistas online. Exploraremos suas expectativas em relação às vítimas, seus métodos de persuasão e como eles esperam que você interaja nesses cenários criados por eles para atrair aqueles que navegam pelo ciberespaço. Você terá a oportunidade de descobrir como a compreensão das motivações dos golpistas pode ajudá-lo a se proteger melhor contra suas artimanhas. Esteja pronto para adentrar na mente dos golpistas e aprender como evitar suas armadilhas.

O QUE OS GOLPISTAS ESPERAM DE VOCÊ?

Os golpistas têm uma capacidade incrível de identificar suas vítimas potenciais, eles buscam aqueles que estão em busca de relacionamentos afetivos, investimentos lucrativos, oportunidades de carreira ou soluções rápidas para problemas financeiros. Eles miram naqueles que podem estar passando por momentos de fragilidade ou ansiedade, tornando-os mais suscetíveis a promessas enganosas.

Mesmo sem um conhecimento acadêmico, os golpistas possuem uma compreensão profunda das fraquezas humanas e da psicologia comportamental. Eles não escolhem suas vítimas ao acaso; ao contrário, eles fazem isso traçando estratégias meticulosas, adaptando suas artimanhas às características e desejos individuais das pessoas ou de um grupo.

Primeiro, devemos entender que os golpistas não são apenas criminosos, mas também psicólogos amadores. Eles estudam o comportamento humano, identificando desejos universais, como a busca por conforto financeiro, amor, reconhecimento social e segurança. Com essas informações em mãos, eles criam cenários digitais enganosos que parecem atender a essas necessidades fundamentais.

Cada golpe online é uma obra de arte personalizada, podendo ser uma história, um site falso, uma promessa grandiosa, que é projetada para atrair e manipular uma vítima em potencial. Os golpistas se disfarçam como parceiros românticos em aplicativos de namoro, consultores financeiros em esquemas de investimento e até mesmo amigos em emergências. Eles investem tempo e esforço para criar personagens convincentes que se encaixam perfeitamente no que suas vítimas desejam ou precisam.

Nunca aja com dúvida ou na pressa, sempre repense o que está sendo solicitado e se você tem certeza se aquilo é legítimo. Na dúvida interrompa o contato

Golpistas são especialistas na escolha de suas vítimas. Eles exploram os desejos humanos universais, como amor, riqueza e sucesso, identificando aqueles que estão mais suscetíveis a cair em suas artimanhas. Essas vítimas em potencial podem estar em momentos de fragilidade emocional, financeira ou até mesmo buscando uma mudança positiva em suas vidas.

Os golpistas, explorando a confiança das pessoas, manipulando-as emocionalmente e explorando suas fraquezas, muitas vezes parecendo simpáticos, prestativos e convincentes. Eles podem se apresentam geralmente como amigos de confiança ou autoridades em uma determinada área, o que torna ainda mais difícil para as vítimas potenciais suspeitarem de suas verdadeiras intenções.

Os golpistas não apenas contam com a persuasão, mas também com uma série de estratégias de manipulação que podem ser sutis e eficazes. Uma tática comum é a criação de uma sensação de urgência. Eles convencem as vítimas de que precisam agir imediatamente, seja para evitar uma ameaça imaginária ou aproveitar uma oportunidade única. Essa pressão temporal muitas vezes impede que as vítimas pensem com clareza e tomem decisões precipitadas.

A confiança é a moeda de troca dos golpistas. Eles sabem que, ao conquistar a confiança de suas vítimas, têm mais chances de obter sucesso em seus golpes. Para isso, usando algumas estratégias, eles criam cenários virtuais convincentes e personagens que apelam diretamente para as necessidades e desejos das pessoas, tornando-as mais propensas a cair em suas armadilhas.

Abaixo você conhecerá essas estratégias e aprenderá detalhes de como são utilizadas para ludibriar a vítima:

1. **Criação de Urgência**: Os golpistas frequentemente pressionam as vítimas a tomarem medidas imediatas, na intenção da vítima não notar algum detalhe criado no cenário apresentado que não permitirá que ela caia no golpe. Geralmente isso é feito com o golpista alegando que há uma ameaça iminente, algum amigo ou familiar em perigo ou uma oportunidade única que não deve ser perdida.
2. **Exploração da Curiosidade**: Eles apresentam informações intrigantes ou prometem segredos chocantes para atrair a curiosidade das vítimas, levando-as a clicar em links, fornecer informações pessoais, ou fornecer número de cartões de crédito para adquirir esse conteúdo. Geralmente criam sites inseguros,

onde podem ver qualquer informação inserida e nesses sites colocam promoções atrativas, produtos a preços irrisórios, conhecimentos "milagrosos" que prometem transformar tudo que você sabe hoje e outros chamativos do tipo.

3. **Manipulação Emocional**: Os golpistas apelam às emoções das vítimas, utilizando histórias tristes, apelos à compaixão ou mensagens que despertam empatia para ganhar sua confiança. Isso é muito utilizado quando os golpistas utilizam de perfis falsos ou roubados, em redes sociais, para angariar doações alegando estarem em uma situação de extrema necessidade, na maioria das vezes envolvendo grupos vulneráveis, como crianças, pessoas com deficiência, idosos. A partir desse apelo emocional, conseguem que a vítima de livre e espontânea vontade transfira uma quantidade de dinheiro para o golpista.
4. **Autoridade Falsa**: Eles podem se fazer passar por autoridades legítimas, como agentes governamentais, especialistas em segurança ou funcionários de empresas respeitáveis ou instituições financeiras, para criar credibilidade. Assim contatam as vítimas alegando serem gerentes de banco, representantes de órgãos como o INSS, para solicitar informações das vítimas para que possam aplicar outra fraude utilizando esses dados. Os golpistas podem citar fontes fictícias ou usar títulos impressionantes para parecerem confiáveis e bem-informados.
5. **Conexão Emocional**: Para utilizar da manipulação emocional, os golpistas tentam estabelecer uma conexão emocional com as vítimas, fazendo-as sentir que estão em um relacionamento de confiança, seja romântico ou de amizade, ou utilizam de perfis falsos ou roubados para se passarem por alguém que a vítima já tem uma conexão emocional. Esses perfis podem ser em redes sociais ou aplicativos de relacionamento, na grande maioria das vezes com fotos de terceiros que não têm ideia de que sua imagem é utilizada para esses golpes.
6. **Falsa Escassez**: Eles afirmam que há uma quantidade limitada de um produto ou oportunidade, incentivando as vítimas a agirem rapidamente antes que percam a chance. Isso é feito inserindo contadores regressivos de tempo em sites, ou via contato direto, informando de uma oportunidade imperdível que só será ofertada daquela vez. Isso faz com que a vítima tenha

medo de perder uma oportunidade que ele pensa ser incrível, mas que no final só trará prejuízo.

7. **Impessoalidade**: Em contraste, alguns golpistas podem manter um tom impessoal e profissional para criar a ilusão de que estão conduzindo negócios legítimos. Isso geralmente é feito utilizando também do apelo a Autoridade Falsa, acrescentando um tom de profissionalismo ao contato efetuado pelo golpista. A impessoalidade pode ser utilizada conforme necessário, então pode ser até deixada de lado se o golpista perceber que para enganar a vítima vai ser necessário um tom mais próximo e amigável.
8. **Falsos Testemunhos**: Eles podem criar depoimentos falsos ou críticas positivas para dar a aparência de que outros já se beneficiaram de sua oferta. Em alguns casos utilizam até a participação de terceiros que estão ocultamente alinhados com o golpista para iludir a vítima a acreditar naquele cenário criado por eles. Geralmente esse testemunho comprova ganhos prometidos, ou produtos entregues, ou se aproxima da vítima demonstrando falsamente os mesmos medos e depois envia falsas evidências mostrando que aquilo realmente funciona, derrubando todas as desconfianças da vítima
9. **Desvio de Atenção**: Em certos casos, os golpistas distraem as vítimas com informações irrelevantes ou pedidos aparentemente inofensivos, enquanto realizam suas ações fraudulentas nos bastidores. Um exemplo bem comum disso é enviar códigos de confirmação para a vítima, que permitirão ao golpista a utilização para alterar a senha da vítima e roubar alguma conta, o golpista convence a vítima de que ela receberá essa mensagem, mas informando que é para outra finalidade, quando a vítima inocentemente passa o código, o golpista assume controle de suas contas ou redes sociais.

É importante estar ciente dessas estratégias de manipulação para poder identificar potenciais golpes online e tomar medidas para se proteger contra eles. Sempre que você desconfiar de que uma dessas manipulações está ocorrendo com você, interrompa o contato, se informe com conhecidos ou autoridades que podem ter mais conhecimento do que você no assunto, ou até mesmo consulte este manual para verificar outras bandeiras vermelhas na situação em que você se encontra.

Nunca tome decisões precipitadas, nunca aja sem ter completa certeza de que o cenário que foi lhe apresentado é legítimo. Isso será abordado num capítulo posterior com mais detalhes, junto com outras maneiras de se proteger e denunciar esse tipo de atividade, mas independente de qualquer medida técnica para sua proteção, o mais importante é que você não execute qualquer ação solicitada sem estar completamente confiante de que aquela ação é legítima, se você não tem essa certeza apenas encerre o contato e procure uma ajuda especializada, como já citado.

É exatamente isso que o golpista espera de você, que você não raciocine sobre a legitimidade daquela operação e apenas dê os dados ou vantagens que ele procura, então ao primeiro sinal de que o contato que você recebeu se encaixa em qualquer um dos métodos mencionados, não tome qualquer ação pois esse é o apelo do golpista, desarmar sua defesa e suspeita com apelos emocionais e falsos.

QUAL O OBJETIVO DO GOLPISTA?

Compreender o que motiva esses criminosos é fundamental para a prevenção e a proteção contra suas táticas enganosas. Nesta seção, exploraremos uma lista de objetivos que os golpistas almejam ao realizar golpes online. A variedade desses objetivos é surpreendente, abrangendo desde o roubo financeiro até o desejo de manipular emocionalmente as vítimas. Aprofundaremos nossa compreensão desses objetivos para que você possa estar mais preparado para se defender no mundo digital e evitar cair em suas redes de engano. Esteja atento às nuances e complexidades dos golpes online à medida que revelamos os objetivos por trás das cortinas virtuais.

Compreender a diversidade de objetivos dos golpistas é essencial para se proteger contra suas táticas enganosas. Cada objetivo traz consigo estratégias específicas que os criminosos utilizam para alcançá-lo, exigindo vigilância e precaução por parte dos usuários da internet. Ao estarmos cientes desses objetivos, podemos fortalecer nossa resiliência contra os golpes online e contribuir para a criação de um ambiente digital mais seguro. Continue a explorar os detalhes e desafios do ciberespaço à medida que revelamos os golpes mais comuns que podem impactar sua segurança e bem-estar online.

Com uma abrangência quase completa, podemos listar os objetivos e motivações desses golpistas:

1. **Roubo Financeiro**: Obter dinheiro ou informações financeiras, como números de cartões de crédito, senhas bancárias e dados de contas.
2. **Roubo de Identidade**: Coletar informações pessoais, como números de CPF, datas de nascimento e informações de identificação, para fins fraudulentos.
3. **Extorsão**: Chantagear as vítimas exigindo pagamento em troca da não divulgação de informações comprometedoras, como fotos ou vídeos íntimos, ou até de acessos em contas da vítima.
4. **Prejuízo com Bens e Propriedades**: Enganar as pessoas a comprar produtos falsificados ou inexistentes, como mercadorias de luxo ou imóveis, ou até mesmo vender um bem ou propriedade que não é do golpista.

5. **Controle Emocional**: Ganhar controle emocional sobre as vítimas, muitas vezes em relacionamentos online, para explorá-las financeiramente ou emocionalmente.
6. **Acesso a Redes Sociais e E-mails**: Invadir contas de redes sociais ou e-mails das vítimas para espalhar malware, coletar informações ou cometer atos maliciosos em seu nome.
7. **Roubo de Dados Corporativos**: Visar empresas para obter informações comerciais confidenciais, segredos de negócios ou bases de dados de clientes.
8. **Fraudes Financeiras Complexas**: Ludibriar a vítima a se envolver em esquemas financeiros complexos, como pirâmides financeiras, esquemas Ponzi ou investimentos falsos.

Com esses objetivos em mente, estamos preparados para adentrar o complexo e multifacetado mundo dos golpes online. À medida que seguimos adiante, mergulharemos nos golpes mais comuns aplicados atualmente, examinando suas estratégias, modus operandi e as maneiras de identificar e evitar essas armadilhas digitais. Esteja pronto para explorar as nuances e os desafios do ciberespaço, armado com o conhecimento necessário para se proteger e proteger seus entes queridos contra as artimanhas dos golpistas. Vamos agora desvendar os detalhes dos golpes online que podem impactar sua segurança e bem-estar no mundo digital.

EXPLORANDO O SUBMUNDO DOS GOLPES

Finalmente, chegamos ao ponto crítico de nossa jornada, onde adentraremos o intrigante submundo dos golpes online. Aqui, desvendaremos os segredos por trás das cortinas digitais, aprenderemos como esses enganos são orquestrados e compreenderemos as artimanhas que os golpistas empregam para alcançar seus objetivos.

Neste capítulo, você será levado a uma incrível viagem através de casos reais, nos quais pessoas comuns, como você, foram alvo das maquinações desses mestres da manipulação virtual. Suas histórias servirão como lições valiosas, destacando as diferentes facetas e abordagens usadas pelos golpistas.

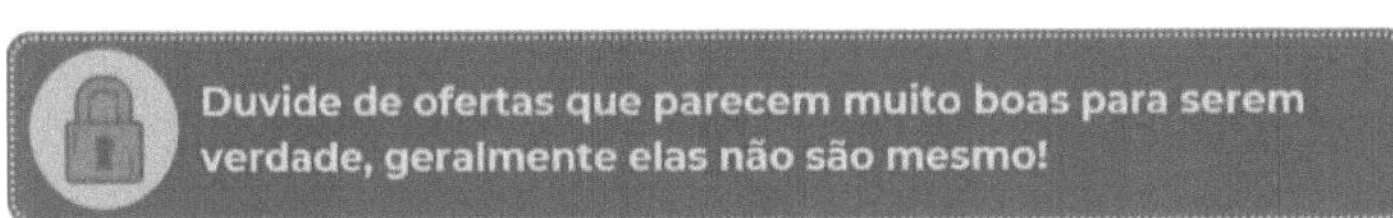

Mas não pararemos por aí. Além de conhecer essas histórias reais, você também aprenderá a identificar os sinais de alerta e a se proteger contra cada um dos golpes. Cada página a seguir o guiará através de estratégias práticas para evitar cair nas armadilhas digitais que podem ameaçar sua segurança e bem-estar no ciberespaço.

Agora você está pronto para mergulhar no submundo dos golpes online, onde conhecimento e vigilância são suas melhores defesas. Vamos começar nossa jornada desvendando os segredos dessas artimanhas digitais.

Cada golpe será apresentado em um capítulo, junto com casos reais e explicando suas variações, qual o objetivo, quais as técnicas empregadas, porque funcionam, como identificar e evitar e outras informações.

GOLPE DO NÚMERO NOVO/TROCA DE NÚMERO

COMO FUNCIONA?

Imagine um cenário: você recebe uma mensagem de um amigo ou familiar em seu aplicativo de mensagens favorito, como o WhatsApp. A pessoa afirma ter um novo número de telefone e pede que você atualize o contato. Parece uma solicitação comum, certo? No entanto, esse é o ponto de partida para uma fraude insidiosa conhecida como "Golpe do Número Novo". O golpista consegue que esse golpe fica ainda mais convincente quando ao invés da mensagem informar que está com um número de telefone desconhecido, a mensagem vem do contato com o número do seu familiar ou amigo.

Neste capítulo, vamos explorar em detalhes como esse golpe funciona e como os golpistas tiram proveito de nossa confiança nas plataformas de mensagens e das relações que temos com pessoas próximas para ganhos ilícitos. Também vamos explorar como informações públicas e que muitas vezes parecem inofensivas, podem ser encaixadas em um contexto para causar prejuízo financeiro para você ou pessoas próximas.

O Golpe do Número Novo se baseia na confiança que temos em nossos contatos. Os golpistas costumam roubar ou clonar o número de telefone de alguém que conhecemos, seja através de métodos técnicos avançados ou engenharia social. Eles então se fazem passar por essa pessoa, alegando ter um novo número e pedindo que atualizemos seus contatos com o novo telefone.

Uma vez que você cai na isca, a fraude está em pleno andamento. Agora, os golpistas começarão a utilizar das manipulações descritas nesse manual para tentar pedir dinheiro através de pagamentos ou transferências, obter informações suas e até mesmo chantageá-lo. Se ao invés de utilizar um número novo eles aplicarem o golpe do roubo de WhatsApp descrito no próximo capítulo, eles já podem partir direto para as solicitações de dinheiro, pois já tem a confiança de estar em posse do número original da pessoa por quem eles se passarão, isso faz o golpe ser mais agressivo e a vítima perder mais dinheiro.

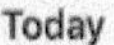

Golpista tentando se passar por filho da vítima para tentar um pagamento de dinheiro (Imagem: Arquivo pessoal)

Para isso, o golpista cria um cenário que geralmente envolve uma situação inesperada ou até mesmo de perigo, dizendo que estão em alguma loja e precisam pagar algum produto, porém o cartão foi bloqueado ou até mesmo que se envolveram em um acidente e precisam de dinheiro para pagar locomoção ou despesas. Essas histórias geralmente são acompanhadas do falso fator de urgência, informando por exemplo que a loja quer chamar a polícia, ou que se não comprar agora depois o produto vai ficar mais caro pois ela perderá a promoção, ou que estão segurando algum bem ou pessoa em troca desse dinheiro. Um golpista falará o que for necessário para convencer a vítima que a pessoa realmente é quem diz ser e que o cenário é real e os valores solicitados geralmente variam entre R$ 500 e R$ 5.000.

Para aumentar a credibilidade desse cenário muitas vezes o golpista faz o que chamamos de OSINT, em segurança da informação. OSINT é um termo americano e significa Open Source Intelligence ou em português Inteligência de Fontes Abertas. O nome parece complicado, mas consiste em algo bem simples, procurar em fontes abertas como pesquisa do Google, pesquisa em redes sociais, pesquisas em bases abertas do Governo e outras fontes públicas para obter mais informação sobre o alvo. Por exemplo, acessando o Facebook de muitos conhecidos seu, você consegue obter facilmente informações de membros da família, data de nascimento, locais que a pessoa frequentou, pessoas com quem ela tem mais proximidade e outras informações. No exemplo abaixo podemos ver em uma rede social que um golpista conseguiria facilmente pegar o nome e outras informações de 5 pessoas próximas de um conhecido de 58 anos, que pode ser um alvo fácil para esse golpe se o golpista utilizar das manipulações corretas.

Perfil de uma pessoa na rede social Facebook (Imagem: Arquivo pessoal)

Como o golpista pode utilizar as informações acima para criar um cenário falso e enganar esse alvo de 58 anos? Ele pode utilizar da data de aniversário do alvo ou dos familiares do alvo para criar uma história e entrar em contato. Por exemplo, imagine que pelo Facebook o golpista descobre que um dos irmãos do alvo faz aniversário no próximo mês, ao entrar nas redes sociais do irmão do alvo, que estão públicas, é possível verificar uma postagem no Twitter feita pelo irmão informando que tem desejo de um produto qualquer, ou ver fotos no Instagram de hobbies desse irmão. Isso pode ser usado pelo golpista para enganar o alvo com o seguinte roteiro: o golpista anuncia que é um dos sobrinhos ou o filho e que trocou de número, depois informa que no mês que vêm é aniversário desse irmão e que estão pensando em comprar algo para ele e que, por exemplo, ele postou no Twitter que precisava trocar de celular, então o golpista diz que vão fazer uma vaquinha entre os irmãos e sobrinhos para poder comprar. O golpista pode também dizer que os outros irmãos e sobrinhos ajudaram, falando o nome deles na conversa. Então solicita um valor monetário para o alvo.

Muitos podem duvidar que algo assim aconteceria, mas é exatamente dessa maneira que os golpistas agem, utilizando seus dados e informações disponíveis para tentar te enganar das mais variadas maneiras. E esse cenário foi criado apenas com dados facilmente obtiveis em redes sociais, quanto mais informações disponíveis, mais elementos o golpista adiciona ao cenário para dar mais credibilidade ao golpe. Como o caso acima é só um exemplo, vamos analisar alguns casos reais para que você veja como informações de pessoas reais foram utilizadas contra elas para golpes ou tentativas de golpe.

Em um caso com outra pessoa próxima, o golpista entrou em contato dizendo que era a sua irmã e que havia trocado de número, o alvo respondeu afirmativamente que havia salvado o número, depois disso o golpista continuou o contato, enviando um áudio de uma mulher chamando-o de um apelido que apenas ela o chamava na infância e pedindo uma quantia de R$ 800 no Pix de uma pessoa da loja. Como a voz não era a mesma, o alvo logo desconfiou, mas pelo áudio chamar ele desse apelido, ele quase ignorou suas desconfianças e acreditou nesse cenário, porém nesse momento ele fez o certo, ligou para sua irmã no número que ela usa no dia a dia para confirmar se ela havia trocado de número. Logicamente ela confirmou que não havia trocado de número e que não estava em loja nenhuma e o golpista foi bloqueado.

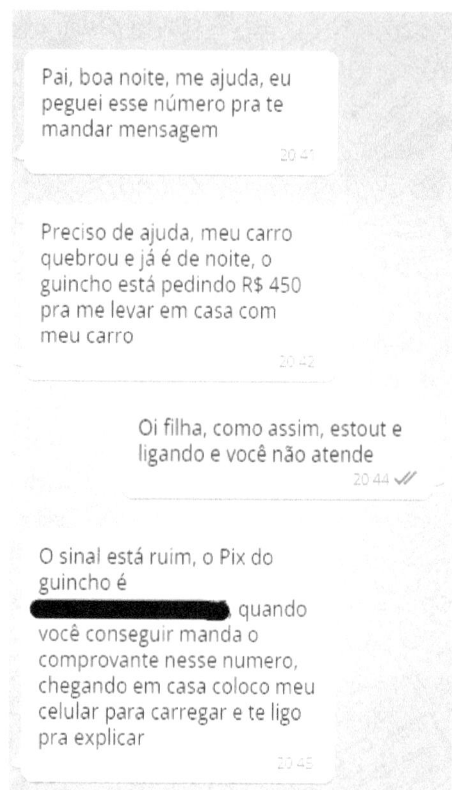

Golpista tentando se passar por filha da vítima para tentar transferir dinheiro da vítima (Imagem: Internet)

Como o golpista soube de seu apelido? Bisbilhotando nas redes sociais do alvo e de seus familiares, foi possível encontrar o uso desse apelido em uma publicação antiga de felicitação de aniversário da irmã do alvo no perfil dele do Facebook. Com isso o golpista pode adicionar mais uma complexidade no cenário para tentar enganar a vítima, pois como o alvo tem o conceito preestabelecido de que somente a irmã dele chama ele assim, quando o golpista o faz ele adiciona mais um fator para o alvo acreditar que o cenário é legítimo.

Em outro caso na cidade de Monte Sião, em Minas Gerais, um empresário local, que é proprietário de uma malharia na cidade, administrando a operação do negócio junto com sua filha caiu em um desses golpes. Um dia ele recebeu uma mensagem de sua filha próximo ao fim do dia, informando que havia trocado de número e que precisava pagar o boleto de um fornecedor de linhas (disse até o nome do fornecedor que eles utilizavam) no valor de R$ 4000, que venceria naquele dia e que como o dia já ia encerrar, precisava do depósito com urgência. O pai, como era uma operação comum entre ele e a filha, somente achou estranho de não ter visto esse boleto antes e receber a informação de que está vencendo em cima da hora, como ele acreditou que a filha havia trocado de número, o nome do fornecedor era o mesmo que ele usava e eles realmente pagavam boletos desse tipo, então ele acabou realizando a transferência. Como o golpe funcionou, minutos depois o golpista entrou em contato novamente se passando pela filha e solicitando mais R$ 2000 para pagamento de outro fornecedor, foi quando o pai desconfiou e resolveu entrar em contato com a filha, que disse nunca ter trocado de número e que não existia boleto nenhum vencendo, confirmando que perdeu o dinheiro através do golpe.

Como o golpista sabia desses detalhes e montou esse cenário? No Instagram e Facebook, pai e filha divulgam o seu negócio e suas peças de roupa feitas na malharia, através de fotos do local e das peças, de eventos e exibições e outras postagens. Em algumas dessas fotos é possível verificar o interior da malharia e obter dados como marca das máquinas utilizadas, marcas e distribuidores dos materiais utilizados, parceiros de negócio e até marca e modelo de computadores e máquinas de cartão de crédito utilizados. Com isso e com a informação de que eram pai e filha, o golpista contatou o pai, informando o nome de um dos fornecedores que ele viu em uma das caixas de linhas nas fotos de divulgação nas redes sociais da malharia e dos dois, tendo assim sucesso no golpe.

Em um caso recente, em 2020, a humorista Dani Calabresa relatou ter perdido R$ 205 mil nesse golpe, na ocasião ela tinha uma conta conjunta com seus pais. Quando o golpista enviou mensagem ao pai dela informando que havia trocado de número, ele não desconfiou, pois a humorista frequentemente tem de trocar de número, devido a assédio de fãs e jornalistas. O golpista então solicitou diversas transferências e pagamentos para o pai da humorista, que só descobriu quando se encontrou pessoalmente com a filha e comentou sobre a mudança de número e os pagamentos. O prejuízo de R$ 205 mil de Dani só não foi maior porque ao descobrir ela conseguiu cancelar transferências agendadas para os próximos dias e receber uma restituição de parte do dinheiro.

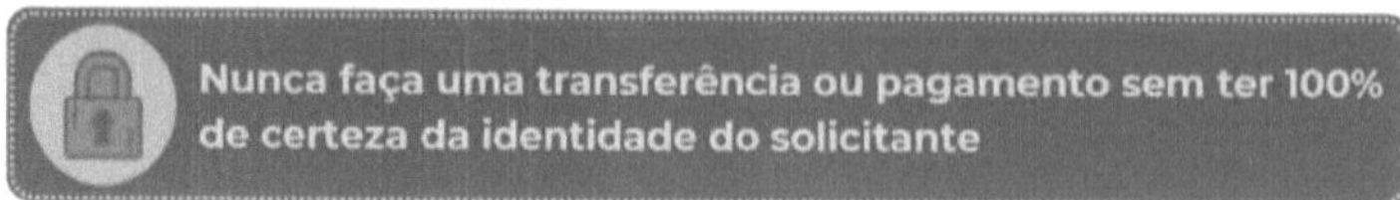

Num relato pessoal publicado em uma rede social, a vítima alega que seu telefone tocou, revelando um número desconhecido com o DDD 62. Do outro lado da linha, uma voz envolvente iniciou uma conversa intrigante, perguntando se ele reconhecia aquela voz. Não desconfiando inicialmente, ela continuou ouvindo enquanto o interlocutor afirmava ser um primo seu e estar parado na Rodovia Anhanguera, esperando pelo guincho da Porto Seguro. De início a vítima não desconfiou de nada, pois tinha família, incluindo alguns primos, na região em que se utiliza esse DDD. Para ela, a história começou a parecer estranha quando o golpista mencionou a falta de acesso à internet para confirmar o envio do guincho e pediu a ela que transferisse R$450 via Pix para uma atendente da Porto Seguro para pagar pelo serviço.

A vítima percebeu que algo não se encaixava: a pessoa tinha crédito para fazer uma ligação, mas não para acessar a Internet. Decidi enviar uma mensagem para a tal atendente, e a resposta demorou cerca de 2 minutos, informando que o guincho estava no local. O que aconteceu em seguida foi um verdadeiro golpe em progresso. O golpista ligou imediatamente e afirmou que o guincho havia chegado, mas havia um custo a ser pago pelo serviço. A única forma de liberação do serviço para tirá-lo daquela situação, segundo ele, era pagar via Pix, e o valor solicitado era de R$450.

Diante das inconsistências, ela consultou seu primo e compartilhou a situação em um grupo no WhatsApp da família, o que o alertou todos para a possibilidade de um golpe em ação. Essa ligação misteriosa serviu como um lembrete de que a desconfiança é uma aliada valiosa no mundo digital. Golpistas frequentemente utilizam histórias convincentes para enganar suas vítimas, e a verificação dos fatos pode ser a diferença entre cair em um golpe e manter-se seguro. É fundamental lembrar de esperar que a outra parte forneça informações antes de compartilhar as suas e de nunca agir sob pressão diante de pedidos suspeitos.

Essas são algumas ocasiões em que o falso número novo foi utilizado para aplicar o golpe, porém há casos em que o golpista utiliza de engenharia social para roubar o número de alguém e enviar mensagens para os contatos se passando pela pessoa, o que torna mais difícil a detecção desse tipo de artimanha, pois a mensagem não vem de um número qualquer.

Mas como o golpista rouba o número de alguém? Há algumas maneiras de se fazer isso, a mais utilizada envolve Engenharia Social, onde o golpista engana a vítima para conseguir o acesso ao número dela. No próximo capítulo você acompanhará como o roubo de WhatsApp é feito e situações reais em que ele foi aplicado.

COMO SE PROTEGER DO GOLPE DO NÚMERO NOVO

Para se proteger desse tipo de golpe, o essencial é não confiar na mudança de número da pessoa até conseguir confirmar de uma maneira certeira que a pessoa é quem diz ser, abaixo estão algumas maneiras de confirmar as informações em caso de um contato desse tipo e outras ações que você pode tomar para não acabar acreditando nesse cenário.

1. Não movimente valores, não faça transações bancárias, não passe nenhum tipo de informação até confirmar a identidade do proprietário do número que alega ser seu conhecido;
2. Ligue para o número que você tem da pessoa para confirmar se ela não usa mais esse número mesmo, se você não conseguir contato com o número, não tome como verdade a troca, pode ser que seu conhecido esteja viajando ou sem bateria, se isso acontecer, tente confirmar a identidade usando outro método, mas não considere que a falha no contato do número antigo é um indício de que a pessoa realmente mudou de número;
3. Se a pessoa está com urgência, faça uma chamada de vídeo para confirmar, se ela falar que está com bateria fraca ou com sinal fraco, desconfie e tente confirmar de outra maneira;
4. Se quem o golpista alega ser é uma pessoa próxima ou que você tem contato constante, pergunte coisas que só vocês dois saberiam, como por exemplo “onde a gente se encontrou pessoalmente a última vez?”, “o que almoçamos ontem?”, “qual a cor da toalha que está na mesa da sala?”. Faça perguntas que você tem certeza de que a pessoa saberia responder, mas um golpista online não;

5. Avise as pessoas que você conhece em comum com a pessoa que o golpista está usando para contato, assim você evita de outra pessoa que conhecem ela, acabem caindo no golpe;
6. Restrinja a privacidade das suas redes sociais para não exibir muita informação para pessoas que não tem seu contato ou que não fazem parte do seu círculo;
7. Desative a visualização da foto do perfil do WhatsApp para pessoas que você não tem o contato salvo e de preferência utilize uma foto diferente das fotos que estão em outras redes sociais.

Mais à frente o manual apresentará as formas práticas e tutoriais de melhorar a segurança e a privacidade dos seus dispositivos, aplicativos e redes sociais.

GOLPE DO ROUBO DE WHATSAPP

COMO FUNCIONA?

Imagine um cenário: um amigo muito próximo lhe envia uma mensagem do número dele, informando que está no meio de uma transação para trocar de carro e que seu aplicativo do banco foi bloqueado, solicita que você transfira um valor monetário para o dono do carro e assim que ele chegar em casa lhe transfere de volta esse valor com a conta da esposa.

Para uns essa situação pode parecer extremamente corriqueira, não é mesmo? Você vê que a mensagem veio do número do seu amigo, vocês já ajudaram um ao outro em situações semelhantes anteriormente e a confiança é mútua, então sem pensar duas vezes você simplesmente decide realizar a transferência do dinheiro para o destino solicitado. Afinal, é uma forma de ajudar um amigo.

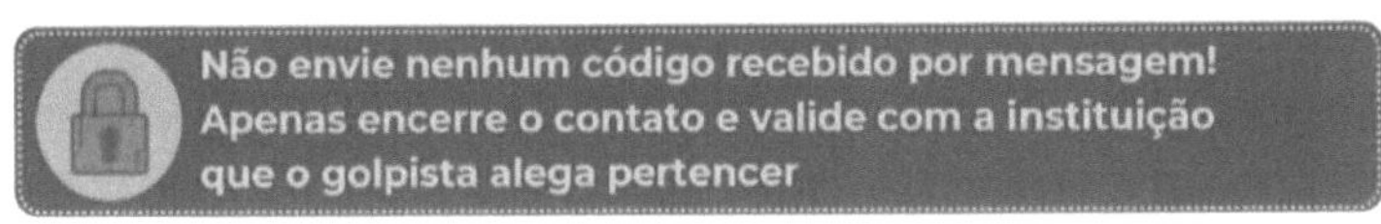

No entanto, algumas horas depois, uma sensação de inquietação começa a crescer em você. Seu amigo não responde mais às mensagens, e a preocupação começa a tomar conta. Determinado a esclarecer a situação, você decide visitar a casa dele, apenas para descobrir que ele foi vítima de um golpe cruel. O WhatsApp dele foi roubado, e ele nunca esteve envolvido na compra de um carro ou solicitou qualquer transferência de dinheiro.

Infelizmente, golpes e tentativas como essa acontecem diariamente, explorando a confiança mútua e as boas intenções das pessoas e os montantes são significativos, pois como o número é legítimo, o golpista tem liberdade de pedir valores maiores. Outro problema é que dependendo de como a conta da pessoa foi configurada, recuperar acesso ao WhatsApp é extremamente difícil.

Mas como isso acontece? O processo pelo qual um golpista rouba o número do WhatsApp de uma vítima é um intrincado jogo de estratégias e manipulação. Embora as técnicas específicas possam variar, desde o SIM swap, onde o golpista consegue através de falhas técnicas, ou de engenharia social junto a operadora, conseguir um novo chip de celular com o número do alvo ou realizar a portabilidade do número para o dispositivo dele. Embora as técnicas específicas possam variar, geralmente são utilizados dois padrões que serão explicados a seguir:

1. Engenharia Social para SIM Swap: o golpista se utiliza de fontes públicas de informação para conseguir dados pessoais do alvo, para isso ele pode procurar desde processos judiciais disponíveis até informações em redes sociais e outras informações disponíveis online. Com essas informações ele entra em contato com a operadora fingindo ser a própria vítima ou um representante autorizado dela. Esse método em que o golpista consegue controle do chip da vítima é mais raro, pois exige um nível maior de informações e acaba sendo difícil para o golpista executar. Além das informações obtidas, muitas vezes eles adicionam senso de urgência e apelo emocional a essas solicitações, por exemplo, o golpista pode fingir que é um empregado da vítima e informar que ela está viajando e volta hoje, também informa que está desesperado porque tem dois filhos e está com medo de perder o emprego, pois o patrão informou que se chegasse de viagem e o número não estivesse funcionando mandaria ele embora, pois foi ele quem danificou o chip que o número estava usando. Com isso, muitas vezes o operador acaba sendo empático com a situação e como o solicitante tem alguns dados da vítima, pode acabar passando despercebido que a situação é na verdade um golpe;
2. Roubo do Código de Verificação: Esse método é o mais simples e envolve enganar a vítima a enviar o código de liberação de acesso do WhatsApp para o golpista, que está pronto para ativar o WhatsApp com o número da vítima em um outro celular. Para isso eles instalam o WhatsApp em um segundo celular e colocam o número da vítima, entram em contato com a vítima e apresentam um cenário que em algum momento a vítima vai precisar passar um código para ele, porém não informa que esse código é o código de ativação do WhatsApp, a vítima em momento algum acha que o código é para isso. Os golpistas conseguem isso utilizando desvio de atenção e outras técnicas, eles podem apresentar ofertas imperdíveis, ofertas de emprego,

dizer que você tem um valor para receber e que precisa confirmar seu número, ou qualquer outro cenário convincente. Além disso para dificultar a vítima de perceber que isso se trata de um golpe, geralmente eles configuram o WhatsApp para enviar o código em outro idioma, assim a vítima não entende o contexto da mensagem, acredita no golpista e manda apenas os números que vê na mensagem. Quando isso acontece, o golpista consegue o controle do WhatsApp da vítima.

Depois que o golpista consegue o controle do número da vítima ele começa a segunda parte do golpe, que é mandar mensagem para todos os seus contatos solicitando algum tipo de vantagem ou favor, para obter dinheiro ou informações dessas pessoas. Os relatos desse tipo de golpe registram diversos tipos de solicitações, como pedidos de dinheiro emprestado, envio de links maliciosos, pagamentos de boletos falsos, chantagem para devolver o número, envio de mais códigos de confirmações, pois assim conseguem pegar o controle do número dos seus contatos também etc.

Como nesses casos em que o golpista tem controle do número, ele automaticamente ganha a confiança das pessoas que são próximas da vítima, esse golpe faz bastante vítimas, uma notícia de 2019 já contabilizava registro de 8,5 milhões de vítimas desse golpe no Brasil.

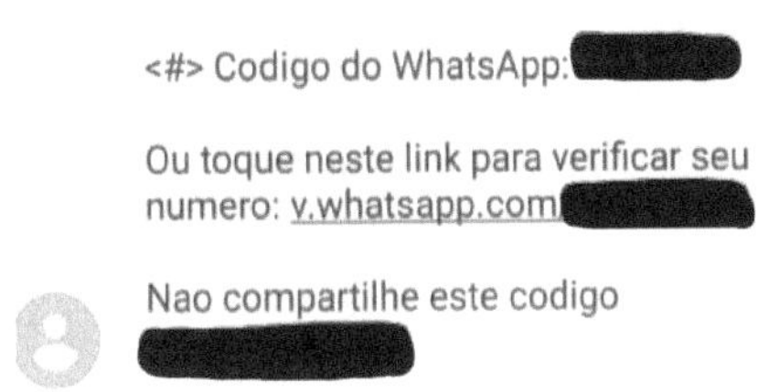

Mensagem SMS com o código e link de verificação solicitados pelo golpista (Imagem: Arquivo pessoal)

Em um desses golpes, a vítima foi um prefeito de uma cidade na Paraíba, de uma cidade de 13 mil habitantes. Com o roubo do WhatsApp, o golpista começou a enviar mensagens para os contatos da agenda do prefeito, solicitando diversas transferências financeiras alegando que havia ultrapassado o limite para tais transações. Um secretário efetuou transferências de R$ 750 e R$ 800, depois uma outra secretária foi coagida a transferir R$ 50.000 de recursos federais para uma conta pessoal, pois precisava fazer um pagamento urgente e que depois prestaria contas. Outros 4 prefeitos da região da Paraíba também foram vítimas do golpe, porém não houve transferência de fundos federais, apenas de contas pessoais.

Os golpistas podem te ligar informando ser de algum serviço que você assina e que você precisa fazer alguma operação para garantir que não vai perder nada, como um bônus, um desconto, um cashback, milhas de cartão, créditos de celular, pacotes de internet e qualquer coisa que eles consigam utilizar para colocar uma camada de legitimidade que vai lhe fazer acreditar que é uma ligação legítima e que o código de liberação de acesso do WhatsApp, é na verdade algum tipo de validação de identidade para o serviço deles.

Outro caso desse golpe envolve uma jornalista, os golpistas compraram um chip e fizeram a portabilidade do número dela, que só percebeu quando um amigo ligou informando das solicitações de transferência. O golpista pediu para os contatos da jornalista a quantia de R$ 1.500 para utilizar como garantia pelo pagamento do aluguel de um apartamento. Como seu amigo já conhecia o golpe, desconfiou da titularidade dos dados bancários, que eram de outra pessoa e percebeu que a solicitação de transferência era um golpe, avisando a vítima.

Em um caso na região do sul de Minas Gerais, um mecânico recebeu uma ligação informando que ele havia recebido um prêmio e que ele precisava confirmar a titularidade do número para receber o prêmio, porém esse código era o código de liberação de acesso do WhatsApp, quando ele confirmou o código para o golpista, ele perdeu o acesso ao aplicativo. O golpista fez diversas solicitações para os contatos do mecânico no valor de R$ 2000 e duas pessoas chegaram a transferir o valor acreditando ser o mecânico. Quando ele percebeu que havia perdido acesso ao aplicativo, se dirigiu a casa de um sobrinho para o auxiliar na recuperação do acesso ao aplicativo, porém duas vítimas já haviam transferido o dinheiro para a conta do golpista.

Uma outra variação utilizada pelos golpistas para tentar aplicar o roubo de WhatsApp é contatar as vítimas se passando por representantes do próprio WhatsApp ou de uma plataforma de vendas. O que acontece é que, depois de criar algum anúncio na internet, a vítima recebe um contato dizendo que seu número de celular ou anúncio foi denunciado muitas vezes e uma verificação de identidade é necessária para confirmar a identidade e evitar o bloqueio do número ou do anúncio.

> : Boa Noite, Sr.
> **código do anunciante: ZAP11**,
> devido ao grande número de reclamações referência ao seu numero de contato, Estaremos enviando um SMS, para verificação.
> **Nos confirme o código recebido em seu smartphone.**

Golpista tentando roubar WhatsApp da vítima através de código de confirmação (Imagem: Reprodução/Kaspersky Lab)

COMO SE PROTEGER DO ROUBO DE WHATSAPP

Com a conscientização adequada e a adoção de medidas preventivas, você pode evitar ser vítima dessa fraude. Aqui estão algumas dicas importantes para proteger sua conta do WhatsApp de ser roubada:

1. Ative a autenticação de dois fatores, assim você adicionará uma camada de proteção a sua conta, além do SMS para liberação do acesso, será necessário inserir uma senha para poder entrar, então mesmo que alguém consiga esse código de alguma maneira, ainda precisará do número PIN de 6 dígitos que você pode configurar no aplicativo;
2. Nunca compartilhe códigos de verificação do WhatsApp com ninguém, nem mesmo com amigos e familiares, pois eles também podem ter sido vítimas desse golpe;
3. Evite divulgar informações pessoais online, como seu número de telefone em redes sociais, quanto menos informações os golpistas conseguirem, mais difícil será de executarem o golpe;
4. Se você receber mensagens inesperadas solicitando dinheiro ou informações, verifique a autenticidade diretamente com a pessoa por meio de outra forma de comunicação, não acredite somente em mensagens de texto, solicite vídeos se necessário;
5. Mantenha-se atento às atividades incomuns em sua conta do WhatsApp. Se você notar que foi desconectado de sua conta sem motivo aparente ou que suas conversas estão sendo acessadas em um dispositivo desconhecido, tome medidas imediatas.

Lembre-se de que o Golpe do Roubo do WhatsApp é uma fraude baseada em engenharia social, na qual os golpistas exploram a confiança e a boa vontade das pessoas. Ao adotar essas medidas preventivas e permanecer vigilante, você estará mais bem preparado para proteger sua conta e evitar cair nessa armadilha digital.

Além das vantagens financeiras solicitadas, pode ser que o golpista envie links maliciosos para instalar programas que vão comprometer o celular dos seus contatos, você aprenderá mais sobre isso no próximo capítulo que fala do Golpe da Mão Fantasma.

GOLPE DA MÃO FANTASMA

COMO FUNCIONA?

Imagine um cenário: você recebe o contato de algum atendente da sua instituição financeira ou uma mensagem de texto. Ambos informando que você efetuou uma compra de alto valor em um local e que se você gostaria de confirmar ou cancelar. Ao demonstrar interesse em cancelar, pois você não efetuou tal compra o atendente te passa algumas instruções vitais para o cancelamento. Você segue essas instruções e momentos depois seu celular começa a abrir aplicativos, fazer transferências do seu aplicativo do banco sozinho, enviar mensagens para seus contatos entre outras coisas. Esse é o golpe da mão fantasma, onde o golpista lhe engana a instalar um programa malicioso que dará acesso remoto ao seu dispositivo.

Os golpistas entram em contato com a vítima, muitas vezes por meio de chamadas telefônicas, mensagens de texto ou e-mails, e fingem ser de uma organização ou empresa confiável. Eles podem inventar histórias convincentes, como oferecer suporte técnico, promoções especiais ou atualizações de software.

Para que a fraude seja bem-sucedida, os golpistas convencem a vítima a baixar e instalar um aplicativo ou software em seu dispositivo. Este aplicativo, no entanto, é, na verdade, um programa malicioso que concede acesso remoto ao dispositivo. Com esse acesso remoto, o golpista tem controle total do dispositivo, eles podem visualizar, copiar ou controlar remotamente informações pessoais, como fotos, mensagens e até mesmo gravar atividades no dispositivo, podem abrir aplicativos e fazer operações como se estivessem com seu celular em mãos.

As histórias utilizadas pelos golpistas variam, eles podem alegar que há uma movimentação suspeita na sua conta bancária, ou que você precisa realizar uma atualização de segurança, ou até mesmo enviam o link pelo número de um conhecido seu que caiu no Golpe do Roubo de WhatsApp, pedindo para você instalar e testar se passando por esse amigo.

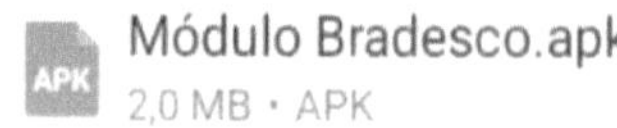

11:13

Esse é o módulo de atualização que precisa ser instalado 11:13

Quando instalar me avisa 11:13

Tentativa do golpista de enganar a vítima informando ser um módulo bancário para atualização (Imagem: Arquivo pessoal)

Assim que você instala o acesso remoto para o golpista, ele pede para você abrir o aplicativo do banco e inserir a senha, ou pede para você digitar a senha em algum lugar em que ele consegue visualizar sem você saber. Quando você toma uma dessas duas ações, o golpista começa a realizar transferências financeiras através do seu dispositivo, utilizando o seu aplicativo bancário.

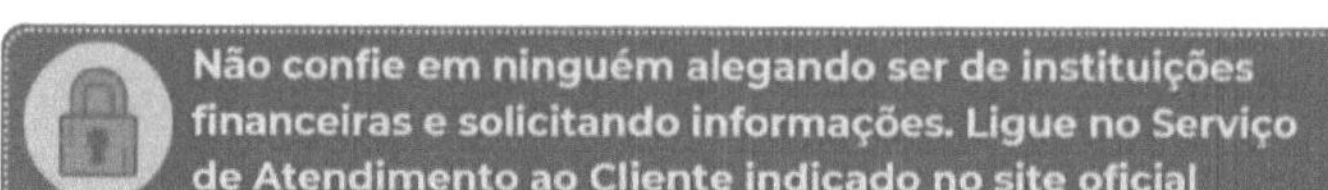

Um idoso de mais de 70 anos, que é familiar de um conhecido, recentemente perdeu R$ 20.000 para esse golpe. Os golpistas fizeram contato com ele informando que haviam registrado uma compra de valor aproximado de R$ 3.000 e queriam confirmar se ele tinha feito essa transação. Como ele não havia feito, negou prontamente, então o golpista disse que foi uma compra fraudulenta e que precisava realizar uma atualização de segurança no aplicativo dele para poder cancelar a transação e proteger sua conta. Foi então que solicitaram a instalação do aplicativo de acesso remoto, logo após instruir o idoso a instalar esse aplicativo eles solicitaram que ele abrisse o aplicativo do banco e entrasse em sua conta, nesse momento começaram a mexer no celular remotamente e enviaram perto de R$ 20 mil da conta dele para outras contas. Por não saber que se tratava de um golpe, quando ele percebeu que estavam fazendo transações financeiras da conta dele, ele não soube interromper o acesso do golpista.

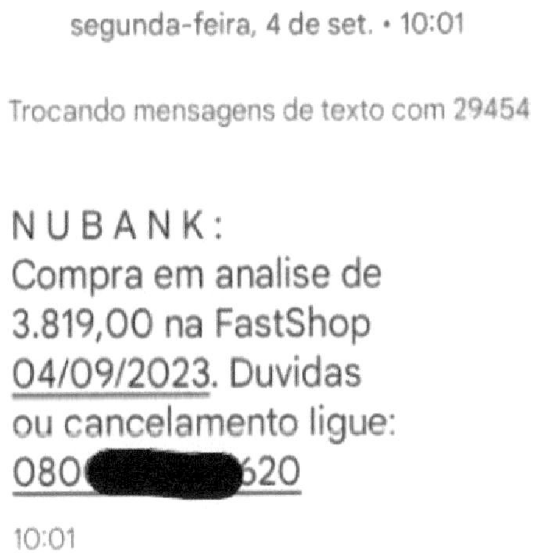

segunda-feira, 4 de set. • 10:01

Trocando mensagens de texto com 29454

NUBANK:
Compra em analise de
3.819,00 na FastShop
04/09/2023. Duvidas
ou cancelamento ligue:
080[illegible]620

10:01

As mensagens usam diversos nomes de instituições bancárias e grandes empresas (Imagem: Arquivo pessoal)

Em Santa Cruz do Rio Pardo, uma mulher de 60 anos, dedicada empregada doméstica, recebeu uma mensagem em seu celular com um texto que dizia que uma compra de quase R$ 5.000,00 nas Casas Bahia tinha sido realizada em seu nome, e para cancelar a transação, ela precisava ligar para um número 0800. Sem pensar duas vezes, ela ligou, na esperança de resolver o suposto problema. Do outro lado da linha, uma pessoa que se passava por atendente ofereceu uma solução, orientando a mulher a digitar uma série de comandos em seu celular, que dariam acesso remoto do golpista ao celular da vítima.

A conversa se estendeu por quase uma hora, enquanto a vítima seguia as instruções à risca. Foi apenas quando voltou para sua casa e compartilhou a experiência com seu filho que a realidade cruel desse golpe se tornou aparente. Seu filho, alertado para os perigos que as mensagens de celular poderiam representar, suspeitou imediatamente de que algo estava errado.

Ao verificar o saldo em sua conta bancária, o filho constatou várias movimentações suspeitas, entre empréstimos e transferências, a mulher ficou com um prejuízo que somava um total de mais de R$ 13 mil reais. A mensagem inicial sobre a compra nas Casas Bahia era apenas uma isca para atrair a vítima para a teia dos golpistas.

Nas mensagens os golpistas podem colocar nomes de bancos ou de lojas grandes e conhecidas para dar mais credibilidade, aliado a um número curto de envio de SMS (normalmente 5 dígitos como as empresas usam) e a um 0800 para contato (imitando uma central de contato de alguma dessas instituições). Essas mensagens, aos olhos dos mais leigos parecem muito legítimas, porém se você não efetuou nenhuma compra, não ligue no número indicado, procure os canais oficiais do seu banco ou loja mencionada e contate diretamente a central de atendimento deles.

Em alguns relatos desse golpe, o golpista pediu para a vítima deixar o aplicativo do banco aberto com o celular na mesa e a tela virada para baixo, justamente para a vítima não notar as transferências sendo executadas. Em um outro relato de uma aposentada, o mesmo contato foi utilizado, alegando uma compra de um valor alto e solicitando a instalação de um aplicativo no celular. Ela seguiu as instruções do falso atendente e perdeu R$ 9.000 que estavam em sua conta e os golpistas ainda fizeram um empréstimo de R$ 41.000 no nome dela. Em junho de 2023 também foi registrado um caso em que uma vítima perdeu mais de R$ 250 mil reais.

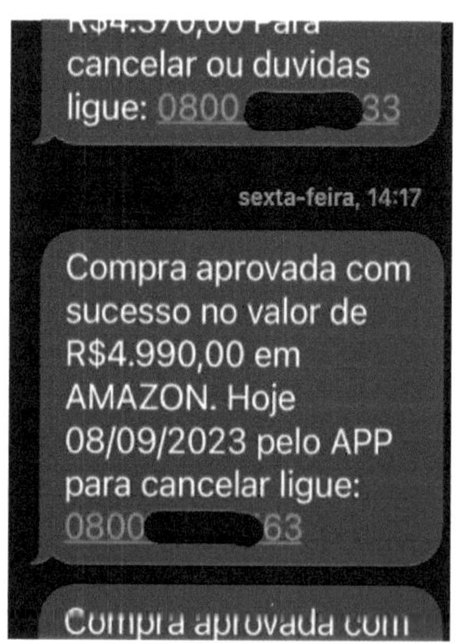

Os golpistas usam nomes conhecidos e números 0800 para dar mais legitimidade ao golpe. Internauta relatou várias tentativas com diversos números (Imagem: Internet)

Muitas vezes eles enviam esse aplicativo pelo WhatsApp para a vítima, como o nome de "Módulo de Segurança", ou "Atualização de Segurança" e o nome do banco na frente, pois esses aplicativos maliciosos não passam na verificação das lojas de app como Google Play e Apple Store.

COMO SE PROTEGER DA MÃO FANTASMA

Para se proteger contra o Golpe da Mão Fantasma e ataques de acesso remoto não autorizado, siga estas diretrizes:

1. Desconfie de contatos não solicitados, nenhuma instituição financeira entra em contato com seus clientes solicitando instalação de aplicativos;
2. Sempre verifique a autenticidade do contato, desligue a ligação e entre em contato diretamente com a empresa ou organização por meio dos canais oficiais de comunicação para verificar qualquer solicitação suspeita;
3. Mantenha seu celular e aplicativos com as atualizações mais recentes, assim a chance de um programa malicioso funcionar diminui;
4. Esteja sempre ciente das táticas utilizadas pelo golpistas e informe as pessoas próximas, pois elas podem não ter o mesmo conhecimento que você, podendo ser vítimas também.

A conscientização e a precaução são fundamentais para evitar ser vítima desse tipo de golpe cibernético.

GOLPE DO RECIBO FALSO

COMO FUNCIONA?

Imagine um cenário: você colocou um notebook a venda e alguém se interessou, disse que ia buscar e pagar, logo no próximo dia, ela pede seu nome completo, CPF e conta bancária. Você espera a pessoa e ela chega com um recibo de depósito em seu nome, na sua conta. Você acreditando que o depósito foi feito libera o comprador de levar o notebook, quando você vai checar seu saldo, o depósito foi cancelado!

Desapegar de objetos que já não têm utilidade é uma prática cada vez mais comum, e a internet se tornou o cenário ideal para conectar vendedores e compradores em potencial. No entanto, ao longo do tempo, surgiram indivíduos inescrupulosos que veem oportunidades de aplicar golpes e adquirir produtos sem gastar um centavo.

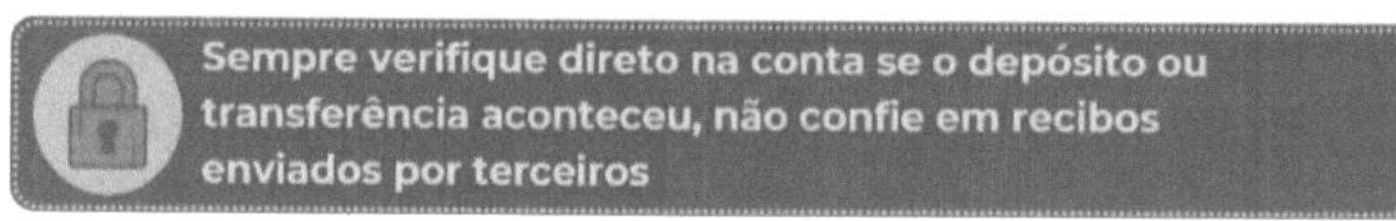

Infelizmente, à medida que mais pessoas ingressam no mundo das vendas online, golpistas também aproveitam a oportunidade para aplicar seus truques enganosos. O "Golpe do Falso Pagamento" é um desses truques ardilosos que tem prejudicado vendedores em todo o mundo. Um estudo realizado pela OLX, em parceria com a AllowMe, uma plataforma de proteção de identidades digitais, revelou que esse golpe representou impressionantes 42% de todas as fraudes registradas no primeiro semestre de 2021.

O golpe do falso pagamento é executado de forma meticulosa. Os golpistas geralmente entram em contato com vendedores, manifestam interesse genuíno em adquirir o produto e concordam com o valor. Em seguida, enviam um comprovante de pagamento falso que, à primeira vista, parece legítimo. Muitas vezes, esse comprovante é gerado por meio de aplicativos ou sites falsos que imitam serviços de pagamento online, como Pix, transferências bancárias ou boletos.

Ao receber o comprovante de pagamento, o vendedor é levado a acreditar que o dinheiro foi transferido com sucesso. Confiantes no acordo, eles entregam o produto ao comprador. O problema surge quando o vendedor descobre, mais tarde, que o pagamento era completamente falso, e eles foram vítimas de um golpe. Eles se esforçam para criar documentos que se assemelham aos gerados por instituições de pagamento legítimas, o que pode enganar até mesmo pessoas cautelosas.

Outro golpe comum de recibo falso acontece bastante em serviços de delivery, onde quem faz o pedido envia um comprovante de Pix editado, sem realizar a transação de verdade. Muitas vezes na correria da operação do estabelecimento, eles acabam confiando na palavra do cliente e considerando o pedido como pago.

Além disso, a tática de enviar um comprovante de agendamento falso é mais uma artimanha usada pelos golpistas para ganhar tempo e aumentar a confiança do vendedor. Eles esperam que o vendedor, ao ver o suposto agendamento, acredite que o pagamento será realizado em breve e, assim, entregue o produto sem esperar a confirmação real da transação.

Portanto, é fundamental permanecer vigilante e seguir as precauções mencionadas anteriormente para evitar cair no Golpe do Falso Pagamento e proteger suas negociações online. Lembre-se sempre de verificar cuidadosamente qualquer comprovante de pagamento e, se houver qualquer dúvida, entre em contato com seu banco ou a plataforma de pagamento para confirmar a transação. A segurança deve ser prioridade em todas as suas transações pela internet.

COMO SE PROTEGER DO RECIBO FALSO

Para evitar ser enganado pelo Golpe do Falso Pagamento, é essencial adotar precauções sólidas:

1. Não confie em recibos enviados para você. Sempre confirme se o comprovante de pagamento é genuíno. Você pode entrar em contato com seu banco, entrar na sua conta no aplicativo, ou a plataforma de pagamento para verificar a transação;
2. Vender através de plataformas de comércio online estabelecidas, como OLX, Mercado Livre ou Enjoei, pode proporcionar uma camada adicional de segurança, mais a frente você verá os golpes que tentam aplicar nessas plataformas também;

3. Aguarde até que o dinheiro esteja visível em sua conta antes de entregar o produto. Os golpistas muitas vezes pressionam pela entrega rápida;
4. Analise o perfil e o histórico do comprador em plataformas de venda. Fique atento a comportamentos suspeitos, como perfis recém-criados ou informações inconsistentes;
5. Se optar por um encontro presencial para concluir a venda, escolha um local público e seguro, de preferência leve alguém junto;
6. Mantenha a comunicação com o comprador através da plataforma de vendas. Evite compartilhar informações pessoais ou concordar com negociações fora do ambiente online;
7. Esteja ciente dos sinais de alerta, como compradores apressados, oferecendo mais dinheiro do que o necessário ou pressionando para que a entrega seja feita imediatamente, em qualquer sinal de alerta, abandone a transação e denuncie o perfil para o aplicativo.

Em caso de dúvida, entre em contato com sua instituição financeira ou com a plataforma de pagamento para verificar a autenticidade do comprovante. A segurança e a cautela são essenciais para evitar cair em golpes relacionados a recibos falsos.

GOLPE DO NUDE

COMO FUNCIONA?

Imagine um cenário: você recebe uma solicitação de amizade de uma pessoa em uma rede social, que parece compartilhar interesses em comum, você então aceita a solicitação, logo recebe uma mensagem dessa pessoa que começa a te elogiar, puxar assunto, perguntar da sua vida, contar da vida dela e vocês desenvolvem uma conexão mais forte. Você percebe que cada dia mais essa pessoa demonstra interesse em você, porém ela mora longe, conforme a conversa desenrola ela vai esquentando, vocês começam a trocar imagens íntimas. A essa altura você ainda não sabe, mas já pode ter caído no Golpe do Nude.

O Golpe do Nude é uma tática criminosa que explora a confiança, a vulnerabilidade e o medo da exposição pública. A pessoa com quem você estava se comunicando não era quem dizia ser. Era um golpista utilizando um perfil falso, um mestre na arte da manipulação e da fraude. Esse golpista, agora em posse de sua foto íntima, transforma a confiança que você depositou em uma arma para chantagem.

Assim que o golpista tem acesso ao material que deseja, ele se revela, informando que não é quem a vítima acredita que ele seja. Ele ameaça então divulgar a foto íntima para seus amigos, familiares e contatos de trabalho, a menos que você cumpra suas exigências financeiras. As mensagens são repletas de ameaças, jogando com seu medo da exposição e humilhação. A intenção do golpista é que o alvo se sinta pressionado, preso em um pesadelo digital.

A vítima, sentindo um misto de medo, vergonha e raiva, começa a ponderar as consequências devastadoras que a exposição pública poderia ter em sua vida.

Geralmente o golpista utiliza fotos falsas para criação de perfis em redes sociais ou utiliza de perfis roubados de outras pessoas, que não tem nem ideia que sua imagem está sendo associada a esse tipo de golpe. Há casos em que alegam que a pessoa das fotos era menor de idade e que irão denunciar a vítima por pedofilia. Depois ligam se passando pelo pai do menor de idade ou por um delegado para realizar a tentativa de extorsão.

Um idoso de 67 anos, do interior de São Paulo, foi abordado em uma rede social por uma mulher de perfil muito interessante, com uma beleza deslumbrante. Os dois começaram a conversar e logo criaram uma conexão um com o outro. No entanto, a conexão que ele achava que havia encontrado era apenas uma ilusão cuidadosamente construída por um golpista habilidoso.

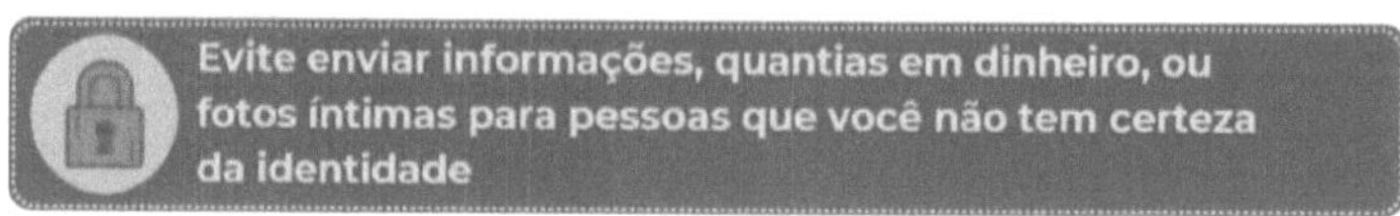

Quando o idoso confiou no golpista, ele afirmou ter gravado todas as conversas e fotos íntimas e ameaçou divulgar tudo, incluindo família e amigos, a menos que ele transferisse dinheiro para o golpista. A vítima acabou efetuando vários depósitos que somam a quantia de R$ 10 mil reais, como o golpista não parou com a chantagem, o idoso foi a delegacia e abriu um boletim de ocorrência.

O problema em pagar esse tipo de golpe é que uma vez que o golpista está em posse do material, nada garante que ele vai excluir o material depois do pagamento e que vai parar com a extorsão. Pelo contrário, quando o golpista percebe que a vítima está acuada o suficiente com a situação para executar esses pagamentos, ele vai continuar solicitando dinheiro constantemente.

Outro caso em que a vítima perdeu uma quantia de R$ 3 mil reais, em Prudentópolis, um homem fez amizade com um perfil falso de nome Beatriz que ele conheceu no Facebook, a conversa rendeu e eles trocaram número de celular para conversarem por WhatsApp, que foi onde a vítima enviou para o golpista suas fotos íntimas.

Após enviar as fotos, a vítima recebeu vários contatos de falsos policiais, que alegaram que ele teria cometido um crime e seria preso por causa das fotos. A vítima, que estava com medo de ser preso ou ter suas fotos vazadas, transferiu a quantia de R$ 3 mil reais para o golpista, que continuou pedindo dinheiro alegando que entraria em contato com o empregador da vítima e que divulgaria a foto em redes sociais.

Campanha da Polícia Civil do estado de Goiás para conscientização sobre o golpe (Imagem: Polícia Civil)

Os perfis falsos utilizados geralmente utilizam fotos de pessoas que chamam a atenção com sua juventude e beleza. Os golpistas escolhem as vítimas que são mais suscetíveis a cederem a chantagem em caso de sucesso do golpe, como por exemplo figuras públicas, pessoas comprometidas, pessoas que tem local de trabalho exposto em rede social, representantes religiosos.

No Rio Grande do Sul, um perfil falso entrou em contato demonstrando interesse em um alvo, com uma conversa bem comum pediu o WhatsApp do alvo e começaram uma conversa mais íntima. No dia seguinte um outro perfil falso entrou em contato alegando ser um familiar do primeiro perfil falso, esse segundo perfil ameaçou que divulgaria a conversa íntima para o círculo íntimo da vítima. Nesse caso a vítima fez o certo e não efetuou nenhum pagamento para os golpistas, recorrendo a Polícia Civil para confecção de um boletim de ocorrência.

COMO SE PROTEGER DO GOLPE DO NUDE

O Golpe do Nude é um alerta para todos nós sobre os perigos que podem espreitar por trás das telas, e a conscientização sobre segurança cibernética se torna mais crucial do que nunca. Aqui estão algumas medidas e comportamentos que você pode ter para evitar se uma vítima desse golpe:

1. Desconfie de estranhos na internet e tenha cautela ao se comunicar com pessoas que você conheceu apenas online, especialmente se a conexão for recente;
2. Evite compartilhar informações pessoais e íntimas, como fotos sensuais, com pessoas desconhecidas ou com quem você não tem um relacionamento sólido e de confiança. Lembre-se que uma vez enviada não há como garantir que a foto será apagada, a pessoa que recebeu isso pode guardar para sempre, pode deixar vazar mesmo que sem querer;
3. Se você conheceu alguém online e acredita que pode confiar nele, tente verificar sua identidade por meio de conversas em vídeo ou chamadas de voz antes de compartilhar informações íntimas;
4. Se alguém ameaçar divulgar fotos ou informações pessoais, não ceda às exigências. Se você suspeitar de um golpe ou for vítima de um, denuncie-o às autoridades policiais e às plataformas online em que o golpe ocorreu.

Lembrando que a prevenção é a melhor defesa. Ao adotar essas medidas, você aumenta sua segurança online e reduz as chances de cair no Golpe do Nude ou em golpes semelhantes, como o Golpe do Falso Rico/Refugiado, explicado no capítulo a seguir.

GOLPE DO FALSO AMOR

COMO FUNCIONA?

Imagine um cenário: assim como o Golpe do Nude, você recebe uma solicitação de amizade de uma pessoa em uma rede social, que parece compartilhar interesses em comum, você então aceita a solicitação, depois de um longo período de conversa e de criar uma ligação verdadeira com a pessoa. À medida que os dias passam, essa pessoa começa a compartilhar detalhes pessoais e histórias de vida, e você sente que está construindo uma conexão sólida e verdadeira. No entanto, à medida que a relação se aprofunda, ela revela um favor inesperado que pode trazer vantagens financeiras substanciais. O que você faz?

Neste ponto, é quando o Golpe do Amor entra em ação. A pessoa pede um favor que parece ser uma oportunidade única, oferecendo-lhe a chance de ganhar muito dinheiro de forma rápida e fácil. A promessa de riqueza e conforto pode ser tentadora, especialmente quando você já está emocionalmente envolvido com essa pessoa. No entanto, é exatamente neste momento crítico que é crucial manter a cabeça fria e lembrar-se de que, na internet, nem tudo é o que parece.

Outras variações desses golpes em que há relatos e ocorrências disponíveis, é possível ver que são utilizadas diferentes e criativas histórias para concretizar a armadilha do golpista. Há alguns casos em que o golpista se passa por um galã estrangeiro que está procurando uma mulher brasileira para morar com ele e ter uma vida boa, outro em que se passam por uma médica ucraniana que quer fugir para o Brasil, mas antes precisa enviar uma grande quantia em dólares para o país, alguns galãs que prometem vir visitar as amadas aqui no seu país de origem. As histórias são bem-criadas e como são aliadas a um vínculo que é criado antes entre o perfil falso e a vítima, ela acaba deixando de perceber detalhes que seriam cruciais para identificar o golpe em andamento.

Quando o alvo aceita a solicitação do perfil falso, o golpista varre as redes sociais dele procurando pelo máximo de informação possível, quais seus gostos, no que ele acredita, quais suas diversões, quais as pessoas mais próximas, qual vertente política, qual tipo de humor essa pessoa tem e outras informações que possam ser usadas para tornar a persona que vai conversar com o alvo. A partir disso o golpista começa a demonstrar os mesmos gostos, crenças e aspirações do alvo, fazendo-o enxergar o perfil falso como uma possível alma gêmea.

Em muitos casos o golpista utiliza até um perfil verdadeiro, aplicando golpe em diversas mulheres ou homens, utilizando de sua própria imagem, geralmente esse tipo além de arranjar vítimas online também procura vítimas pessoalmente.

Para entender melhor como o Golpe do Falso Amor pode impactar vidas, vamos explorar algumas histórias reais e como essas pessoas caíram na armadilha do golpista ou como foram alertadas e puderam evitar um grande prejuízo financeiro.

Em uma ocasião, um amigo próximo recebeu uma solicitação de amizade de uma americana supostamente rica, que depois de conversar muito com ele e conhecê-lo, dizendo coisas como nunca ter conhecido alguém assim antes, que eles eram almas gêmeas e mais outros elogios rasgados entre as conversas inocentes. Depois de um certo tempo, demonstrou interesse em levá-lo para ter vida de luxo nos Estados Unidos aliada a uma oportunidade de emprego excepcional. No início ele recusou, disse que não era simples assim e com o passar do tempo, as promessas se tornaram ainda mais tentadoras na tentativa do golpista de convencê-lo a cair no golpe, mas, felizmente, o amigo percebeu que essa oferta era boa demais para ser verdadeira e recusou.

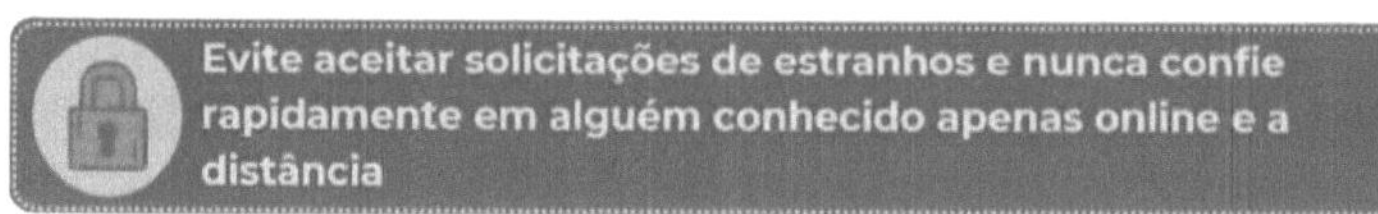

Nesse caso, qual a vantagem de o golpista enganar a pessoa? O que teria acontecido se ele aceitasse a proposta? Bom, primeiro que ao aceitar, o golpista prometeria cuidar de toda a documentação necessária para ele, que como era cidadã americana, conseguiria com facilidade levá-lo para lá com legitimidade, tudo dentro dos processos necessários. Nesse ponto o golpista solicitaria cópias dos documentos da vítima, como carteira de habilitação, certidão de nascimento, comprovante de endereço, muitas vezes até foto segurando tais documentos. Por si só, isso já seria prejuízo suficiente para a vítima, pois com tais dados os golpistas conseguem usar engenharia social para obter acesso nas suas contas, podem solicitar empréstimos no nome da vítima, abrir contas bancárias para utilizar o nome da vítima como laranja em outro golpe.

Além dos documentos, se a vítima aceitasse a irresistível proposta, o golpista coletaria esses dados e informaria que deu entrada na solicitação dos documentos. Após certo tempo da entrada na suposta solicitação da documentação, o golpista informaria que existe algum tipo de registro, taxa ou imposto que precisaria ser pago. Até aí tudo bem, pois se a pessoa quer te levar para lá e tem dinheiro, ela pode pagar essa taxa, certo? Errado! O golpista vai criar algum empecilho para não conseguir efetuar esse pagamento, esse obstáculo vai desde não ter acesso a conta, até desculpas como o pagamento precisar sair do país de origem ou precisar ser feito pelo nome para quem será emitida a documentação. Então o golpista solicita para a vítima que pague esse valor para liberar a documentação, muitas vezes prometendo até que em troca disso pagaria a passagem. É aí então que a vítima, acreditando que estava com um futuro garantido num país de primeiro mundo, junta todas as suas economias e manda o dinheiro diretamente para a mão dos golpistas.

Outra ocasião desse golpe, uma pessoa próxima me contou entusiasmada que desenvolveu uma amizade com um perfil que o adicionou, o perfil se dizia ser uma médica da Ucrânia, com um filho e que estaria preocupada com o futuro da criança. A tal médica também dizia que achava o Brasil uma ótima oportunidade e que gostaria de vir para cá com o filho para fugir da guerra. Assim como no outro caso, o golpista também derramou elogios, dizendo que a vítima parecia ser uma ótima pessoa, que confiava nele etc. A história até agora parece uma história de duas pessoas se conhecendo, além do ato de salvar uma pessoa de uma região que está em guerra né? Incluindo uma criança.

Sabe o que faz essa história ficar ainda melhor? A médica disse ter uma grande quantia guardada em casa, de 1 milhão e meio de dólares, alegando que devido a guerra não conseguia depositar e movimentar esse dinheiro por lá, que a melhor opção era enviar essa quantia para o Brasil numa caixa, diretamente para a casa da vítima, onde a vítima devolveria metade para ela quando chegasse no Brasil junto com o filho. Nesse ponto eu interrompi a vítima dizendo ser golpe, que veemente duvidou de mim, insistindo que não era golpe e que inclusive já havia passado o endereço e ela havia enviado a caixa com o dinheiro.

Nesse ponto eu fiquei incrédulo em como alguém pode criar uma confiança a distância assim e acreditar que alguém em sã consciência enviaria uma quantia de praticamente R$ 7 milhões de reais em um serviço postal, sem garantia nenhuma de que recuperaria esse valor com o destinatário depois. Quando expliquei isso a vítima, ela disse que é porque eu não conhecia a médica, que já fazia meses que conversavam e que conhecia até o filho dela, que não era golpe porque ela enviou o dinheiro para ele então ele que poderia dar o golpe nela e que ela teve confiança.

Foi aí então que eu expliquei para ele que o golpe viria depois. Que uns dias depois que ela afirmou que enviou o pacote, ele receberia uma mensagem de um número desconhecido, afirmando ser um fiscal, ou agente portuário, ou alguma transportadora, que seria também o golpista. Nesse contato, o golpista informaria que tem uma encomenda em seu nome e que para liberar, precisaria de um pagamento, alegando ser um imposto, frete, tarifa da transportadora ou outra coisa, solicitando assim um pagamento em dinheiro para a vítima, para efetuar a liberação da entrega da caixa.

Quando informei isso, a vítima deve ter ficado abismada né? Percebendo que havia caído num golpe, que havia passado informações e endereço para alguém que nunca viu na vida e não conhece, certo? Não! Ela riu, provavelmente acreditando ser uma conspiração, ou talvez até inveja por eu não ter sido escolhido para receber essa grande quantia. Depois de rir me disse que não era golpe não, que conversou muito com ela e que se conhecem bastante. Saber disso me deu até calafrios.

Dias depois essa pessoa me procurou informando que recebeu um contato de um número internacional por WhatsApp, enviando uma foto para ele, a foto continha uma caixa e o número solicitava a quantia de R$ 3.500 para liberação pois havia uma taxa de despacho que precisava ser quitada antes da encomenda chegar na residência dele. Nesse momento ele lembrou da suposição que eu fiz informando o que aconteceria no golpe e cancelou o contato, bloqueando todos os números e perfis que teve contato.

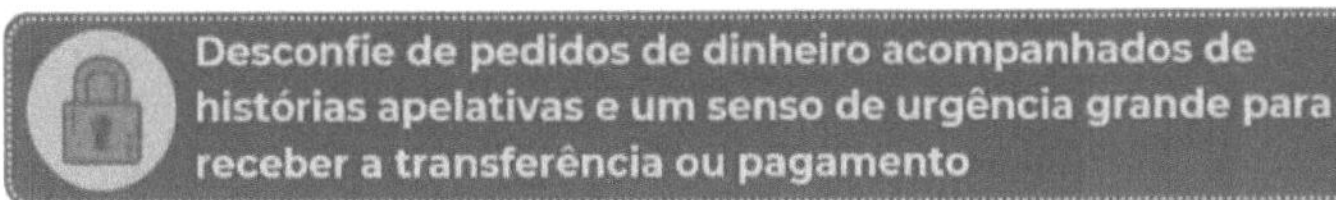

Um outro caso, de uma aposentada de 62 anos que conheceu um fazendeiro na igreja, depois de desenvolver um grande apego, o dito fazendeiro sempre demonstrava ter muito dinheiro, carros novos, viagens e tudo que uma vida proporciona ao seu detentor. Porém depois de 2 meses conversando, o golpista começou a solicitar transferências financeiras informando que estava com um imprevisto, que seu celular quebrou e estava com um celular reserva que não conseguia fazer transferências e pediu uma quantia de R$ 30 mil reais emprestadas. A aposentada, como já havia uma ligação profunda com o golpista, apesar de ter toda a boa vontade em querer ajudar, disse que não tinha dinheiro. Foi quando o golpista informou que ela poderia fazer um empréstimo para conseguir a quantia, que como ele lhe pagaria assim que seu dispositivo retornasse da assistência técnica, os juros seriam baixos e por conta dele. Ela acreditou e fez um empréstimo para completar o valor, transferindo os R$ 30 mil para a conta do golpista, que depois disso a bloqueou e desapareceu do círculo que frequentava.

COMO SE PROTEGER DO GOLPE DO FALSO AMOR

O Golpe do Falso Amor é um golpe bem abrangente, é necessário sempre estar atento a histórias mirabolantes e promessas que parecem muito boas para serem verdade. As histórias que muitas vezes são usadas por golpistas variam, mas podem envolver histórias com agência de modelos, agências de turismos, pedidos de empréstimos, pedidos de ajuda, promessas de vantagem financeira, porém o que nunca muda entre elas é a margem que elas abrem para pedir algum tipo de vantagem para a vítima, seja ela financeira ou de informações, documentos, compras em sites etc.

O Golpe do Amor pode ser emocionalmente desgastante e financeiramente prejudicial. Para evitar cair nesse tipo de golpe, aqui estão algumas dicas valiosas:

1. Desconfie de ofertas mirabolantes e fique atento a promessas de dinheiro fácil ou oportunidades que parecem boas demais para

ser verdade. Golpistas frequentemente usam essas táticas para atrair vítimas;
2. Compartilhe suas experiências com pessoas de confiança. Às vezes, um ponto de vista externo pode identificar inconsistências que você pode ter perdido;
3. Sempre verifique a identidade da pessoa com quem está interagindo online. Peça informações pessoais e procure por perfis em redes sociais para confirmar sua autenticidade. Mesmo assim tome cuidado ao interagir com pessoas desconhecidas pela Internet;
4. Lembre-se de que a internet permite que as pessoas criem identidades falsas facilmente. Não compartilhe informações pessoais ou financeiras com desconhecidos;
5. Nunca concorde em enviar dinheiro para alguém que você conheceu online, mesmo que a história seja emocionalmente comovente. Essa é uma tática comum de golpistas;
6. Se você suspeitar que está lidando com um golpista, reporte o perfil ou as mensagens suspeitas para a plataforma em que vocês se conectaram e denuncie o caso às autoridades, se necessário.

Resumindo, mantenha-se vigilante, confie em seu instinto e não se deixe levar por promessas extravagantes de estranhos online.

GOLPE DO FALSO PRESENTE

COMO FUNCIONA?

Imagine um cenário: você recebe um entregador na porta da sua casa, informando que você recebeu um presente de uma pessoa que não quis se identificar. O entregador que está com uma sacola de chocolate de uma marca famosa, um buquê de flores, ou qualquer outro tipo de produto que é facilmente identificável como sendo algo comum de se presentear. Ele então diz que há uma taxa de entrega e que ele só aceita pagamento no cartão, geralmente o valor da taxa é bem pequena, algo entre R$ 6 e R$ 10 reais. Cuidado ao efetuar esse pagamento, você pode cair no golpe do falso presente!

Muitas vezes esse tipo de contato ainda é feito no dia do aniversário da vítima, o que faz o golpe se tornar muito mais convincente, pois ela acredita que realmente está recebendo um presente surpresa no aniversário.

O que acontece se você efetuar o pagamento? Bom, primeiro você pode estar caindo no Golpe da Maquininha, explicado no próximo capítulo, segundo que você pode ter seu cartão clonado e não sabe a procedência dos produtos que foram entregues para consumo.

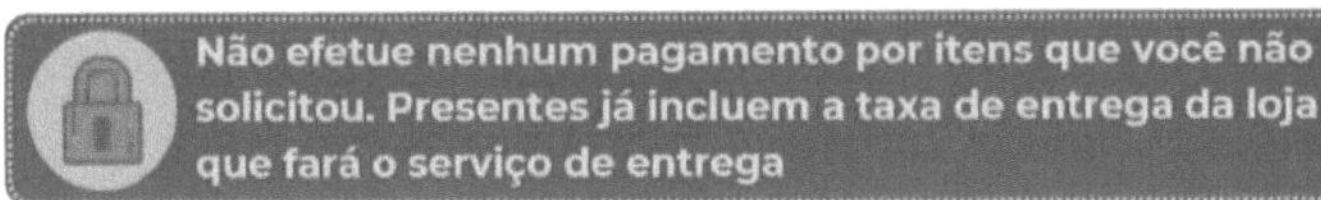

Em um aviso recente da Cacau Show em Araraquara, ela informou seus clientes para ficarem alerta devido ao uso da renomada marca como atrativo para aplicarem golpes nas pessoas. No Golpe do Falso Presente, a marca informou que os golpistas compareciam a casa da vítima com uma sacola da Cacau Show dizendo ser um presente surpresa e especial. No momento da entrega, o golpista afirma que a empresa não recebe dinheiro ou Pix, apenas cartão. Quando a vítima passa o cartão, ela paga um valor muito maior devido ao Golpe da Maquininha. A empresa ainda reforçou que não trabalham com esse tipo de entrega e que qualquer pedido só é entrega pela empresa com pagamento antecipado (de produto e taxa de entrega).

Uma idosa de 77 anos também procurou a delegacia em Rio Preto, pois foi vítima de um ardiloso golpe que começou com uma ligação. No boletim de ocorrência ela relata que uma pessoa se passando por sua filha prometeu uma cesta de flores e pediu um pagamento de R$ 5,69 pelo serviço de entrega. Quando o suposto entregador chegou, ele exigiu o pagamento em cartão, alegando que por questões com a empresa ele não poderia receber o pagamento em dinheiro. A idosa entregou o cartão para o entregador realizar o pagamento. Depois de algumas tentativas alegando erro na operação e da vítima começar a desconfiar, ele informou que a transação deu certo e foi embora. Após várias manobras enganosas, a idosa foi lesada em R$ 6,5 mil em transações não autorizadas de R$ 5 mil, R$ 1 mil e R$ 500. A idosa e uma testemunha relataram a polícia sobre a aparência do homem, o modelo do carro e a placa do veículo.

Esse golpe tem se tornado cada dia mais comum e a partir dele outros golpes podem ser aplicados. Sempre desconfie de qualquer contato ou encomenda não solicitada, ainda mais se ela exigir qualquer tipo de pagamento ou informação extra. Confira algumas medidas de proteção que você pode tomar para evitar ser a próxima vítima desse golpe.

COMO SE PROTEGER DO GOLPE DO FALSO PRESENTE

O Golpe do Falso Presente explora a generosidade das pessoas, mas estar ciente dos sinais de alerta e adotar medidas preventivas pode evitar cair nessa armadilha. Aqui estão algumas dicas para proteger-se:

1. Ao receber ligações ou mensagens com pedidos de pagamento inesperados, confirme a identidade da pessoa que está fazendo a solicitação. Entre em contato diretamente com a pessoa ou ente querido para verificar a legitimidade;
2. Se você receber alguém alegando ser de algum estabelecimento, peça um momento e confirme com o estabelecimento antes de efetuar qualquer contato com a pessoa;
3. Desconfie de qualquer pressão pois os golpistas geralmente usam esse senso de urgência para forçar a vítima a tomar decisões precipitadas. Se você se sentir pressionado ou desconfortável, tome seu tempo para considerar a situação, lembre-se dos itens apontados nesse manual;

4. Nunca compartilhe informações sensíveis, como números de cartão de crédito ou senhas, com estranhos, mesmo que pareçam representar uma empresa legítima;
5. Sempre exija um comprovante ou recibo de pagamento por qualquer serviço ou produto que você está adquirindo. Isso pode ajudar a rastrear transações legítimas e identificar fraudes;
6. Fique informado sobre os golpes mais recentes e compartilhe essas informações com amigos e familiares. A conscientização é uma das melhores defesas contra os golpes.

Lembre-se de que a generosidade é uma qualidade admirável, mas também é importante manter um senso de cautela ao lidar com transações financeiras inesperadas. A prevenção é a chave para evitar cair nas armadilhas do Golpe do Falso Presente. Continuaremos explorando outros golpes e medidas de segurança nos próximos capítulos, inclusive com o Golpe da Maquininha, que geralmente é usado junto com o Golpe do Falso Presente.

GOLPE DA MAQUININHA

COMO FUNCIONA?

Imagine um cenário: em uma tarde de um domingo de sol, uma temperatura de mais de 30 graus, você resolve pedir um sorvete por um aplicativo de entregas, escolhe sorvete para você e sua família e o valor do pedido ficou em R$ 25, você decide pagar por cartão de débito na entrega. Ao chegar, você paga o motoboy, recebe o sorvete e vai apreciar sua tarde de sol com a família. É só no fim do dia, quando você pega o celular para verificar se recebeu alguma mensagem, você percebe a notificação do banco e fica gelado. Na verdade, o valor mostrado na notificação é de R$ 3.525 e foi descontado no débito direto da sua conta. A confusão e a raiva surgem, mas a verdade é que você caiu em uma artimanha habilmente planejada pelo golpista. E agora? O que você faz?

O Golpe da Maquininha é um cenário que explora a confiança do consumidor em máquinas de cartão de crédito e débito, amplamente utilizadas em transações comerciais. Neste capítulo, abordaremos os detalhes desse golpe específico, no qual a astúcia do golpista reside em cobrir o início do visor da maquininha, fazendo com que o cliente não perceba que, ao invés de pagar o valor devido, pagará um valor muito maior.

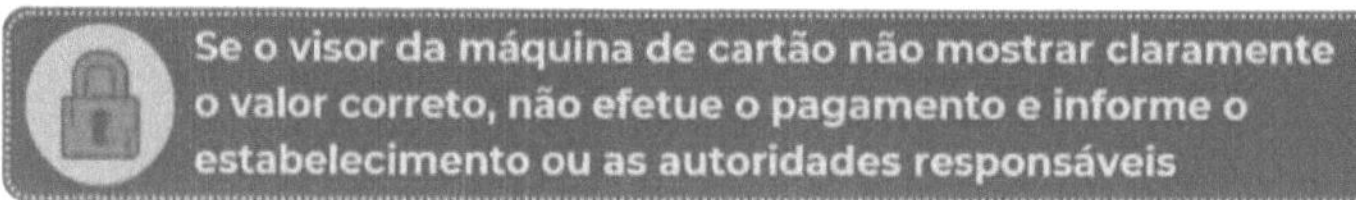

O golpista pode alcançar isso cobrindo o visor da máquina, fazendo isso de diversas maneiras. Há relatos em que inclusive danificam o visor da máquina onde ficam as posições iniciais dos números, assim quando um valor é digitado, os primeiros dígitos do valor são ocultados. Em outros casos eles utilizam algum tipo de fita na mesma coloração da maquininha, que na correria do dia a dia ou em entregas noturnas, consegue facilmente passar despercebido como sendo a borda do visor da máquina de cartão. Também existem casos que o golpista habilmente cobre o visor utilizando somente a mão.

Em um caso relatado no ano passado, um arquiteto fez um boletim de ocorrência informando que havia pagado R$ 4.968,52 em um pedido de delivery de um restaurante na Pompeia em São Paulo, que custava R$

68,52. Porém como em um dos exemplos citados, o visor da máquina estava parcialmente danificado e ele não conseguiu verificar que o valor foi aumentado. Na ocasião ele já havia efetuado o pagamento do pedido via aplicativo, porém recebeu uma notificação informando que o pedido foi cancelado devido a uma condição de saúde do entregador terceirizado. Logo em seguida ele recebeu uma ligação informando que outro profissional estava disponível para a entrega e questionando se ele ainda havia interesse no pedido.

Quando o motoboy chegou, mostrou o valor no celular, informando que a máquina estava conectada ao celular, porém com o visor danificado. O arquiteto efetuou o pagamento e logo em seguida foi conferir o extrato bancário para constatar o golpe. O arquiteto procurou uma solução para o problema e depois de abrir um boletim de ocorrência e uma reclamação no Procon, ele foi ressarcido. Na notícia o arquiteto relatava que eles deram retorno, afirmando que não entendiam que era culpa deles, apesar de o golpista ter acessado todos os meus dados por eles, mas que, para facilitar, iam ressarcir.

O restaurante informou que havia entregado o pedido na mão do entregador registrado no pedido do aplicativo. A hipótese é de que o entregador usou um cadastro de um laranja no aplicativo e ele mesmo cancelava o pedido levando sua máquina danificada para efetuar a fraude.

Em Bragança Paulista, um vendedor ambulante de frango caipira transitava pelo bairro de da vítima quando ela se interessou no seu produto. Quando a vítima foi efetuar o pagamento em dinheiro, o ambulante disse que só aceitava pagamento via cartão, ao pagar, a mesma por ser leiga não percebeu que ele teria colocado o valor de R$ 1050, ao invés de R$ 50 como havia informado. A notificação chegou no celular do marido da vítima e quando ela entrou em casa e ele questionou, o golpista já havia se evadido correndo, não sendo possível encontrá-lo.

Em um outro caso esse ano em Arujá, dois golpistas foram presos aplicando o Golpe da Maquininha na população. Eles percorriam a cidade anunciando venda de ovos, na hora do pagamento informavam alguma desculpa para receber apenas no cartão e na hora do pagamento ocultavam o visor, no relato a vítima teve prejuízo de mais de R$ 4 mil.

Recentemente a Polícia Civil deflagrou uma operação contra o Golpe da Maquininha no ABCD paulista, onde apreendeu quase R$ 20 mil reais em espécie, nove aparelhos celulares, dezesseis máquinas de cartão e vinte e três cartões bancários, além de um veículo, uma motocicleta e alguns outros itens como relógios. Os supostos participantes dos golpes foram identificados pela Polícia Civil a partir de informações obtidas em um dos celulares, além de nove participantes que tinham seus nomes nas contas em que se recebia o dinheiro provindo do golpe, porém a Justiça indeferiu o pedido de prisão. Na operação a polícia chegou a cumprir 28 mandados de busca e apreensão. Na mesma semana a Polícia Civil de Goiás também deflagrou uma operação para congelar contas que recebiam dinheiro do golpe e cumpriram um mandado de prisão e dois mandados de busca domiciliar.

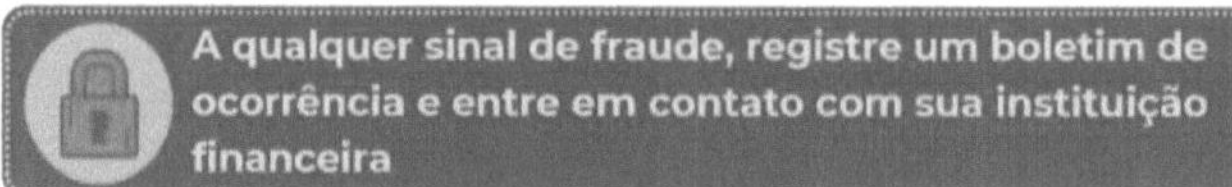

Em 2023 os relatos desse golpe aumentaram muito, sendo aplicados nos mais diversos tipos de público, jovens, idosos, pessoas com diferentes níveis de estudo e classe social. Os protagonistas desse golpe são variados em diversos relatos, muitas vezes motoboys, mas também há muitos relatos de vendedores ambulantes e anúncios online em que a pessoa encontra o vendedor pessoalmente.

COMO SE PROTEGER DO GOLPE DA MAQUININHA

O Golpe da Maquininha, em que o golpista cobre o início do visor da maquininha para ocultar o valor real da transação, pode ser evitado com precauções simples. Aqui estão algumas ações de prevenção:

1. Antes de inserir seu cartão em uma maquininha de cartão, verifique cuidadosamente o valor exibido no visor. Certifique-se de que não há nada cobrindo o valor real da transação;
2. Recuse-se a utilizar qualquer máquina de cartão com o visor parcialmente danificado. De maneira alguma insira seu cartão e efetue qualquer transação em uma máquina que você não consegue ver claramente todas as informações;

3. Se você notar discrepâncias entre o valor real e o valor cobrado em seu cartão, entre em contato imediatamente com o estabelecimento comercial para resolver a questão, se a discrepância não parecer um mero engano e você for ressarcido, registre um boletim de ocorrência;
4. Esteja atento a qualquer comportamento suspeito por parte do atendente ou vendedor durante a transação. Se algo parecer errado, confie em seu instinto e não prossiga com a compra;
5. Se você suspeitar de uma tentativa de golpe da maquininha, denuncie-a às autoridades competentes e à sua instituição financeira. Quanto mais cedo for relatado, maior será a chance de resolução.

Lembrando que a vigilância e a educação são suas melhores aliadas contra esses golpes. Mais a seguir, o manual vai lhe apresentar uma seção com dicas e tutoriais de como denunciar da melhor maneira esses golpes as autoridades. É importante que tanto os golpes quanto as tentativas sejam corretamente denunciadas a autoridade competente pois assim seu trabalho é facilitado, agilizando na detecção de golpes e prevenção deles.

GOLPE DO MARKETPLACE/GRUPOS DE VENDA

COMO FUNCIONA?

Imagine um cenário: você vê um fogão usado para doação no marketplace, o fogão está em excelente estado, porém a boa alma está se mudando para fora do país e não tem tempo de vender, pois falta somente isso de todos os itens da casa que venderam para ir embora do país. Você de início não tem interesse, mas lembra de um conhecido que está num momento de dificuldade e esse item viria a calhar para ele. Você decide então contatar a doadora, que concorda em lhe dar o fogão, porém que eles já haviam colocado no carro para levar para outra pessoa que desistiu, mas que levariam para você, somente ajudando na gasolina. Quando você transfere o dinheiro da gasolina, o golpista te bloqueia e você fica sem o item para doação.

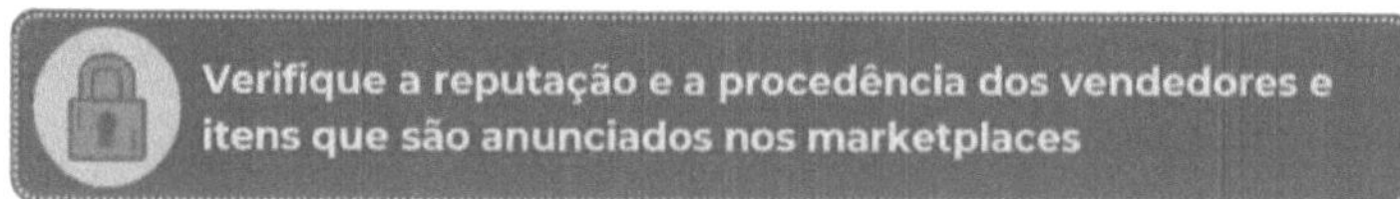

Outra situação comum envolve vendedores que caem na armadilha de golpistas disfarçados de compradores. Ao finalizar a negociação, o golpista insiste em concluir a transação por meio de outra plataforma, como um site de pagamento ou aplicativo. O vendedor, acreditando na boa-fé do comprador, cria o anúncio solicitado, apenas para descobrir que a suposta venda era uma farsa, e o dinheiro nunca chega às suas mãos.

Os golpistas também inventam várias histórias para poder encobrir algum detalhe do golpe, geralmente dizem que estão longe, ou que o item já está embalado ou no carreto, dizem que tem mais gente interessada no item, ou que está vendendo muito barato porque precisa se mudar etc.

Boa tarde se alguém conhecer essa menina, estou procurando por ela.
Minha mãe pagou ontem uma parte do kit festa que ela entregaria hoje as 12:00 e respondeu que estava vindo e depois nos bloqueou.
Só quero o dinheiro de volta.
Inclusive se ela não devolver a quantia vou fazer um b.o com a informações dela e da pessoa que foi feito o pix.
aí tem vário crimes né.
Fraude, golpe e danos morais já que estragou festinha de alguém.
Estou no teu aguardo ███, já que faz parte do grupo e tem mais de 1 anúncio no marketplace.

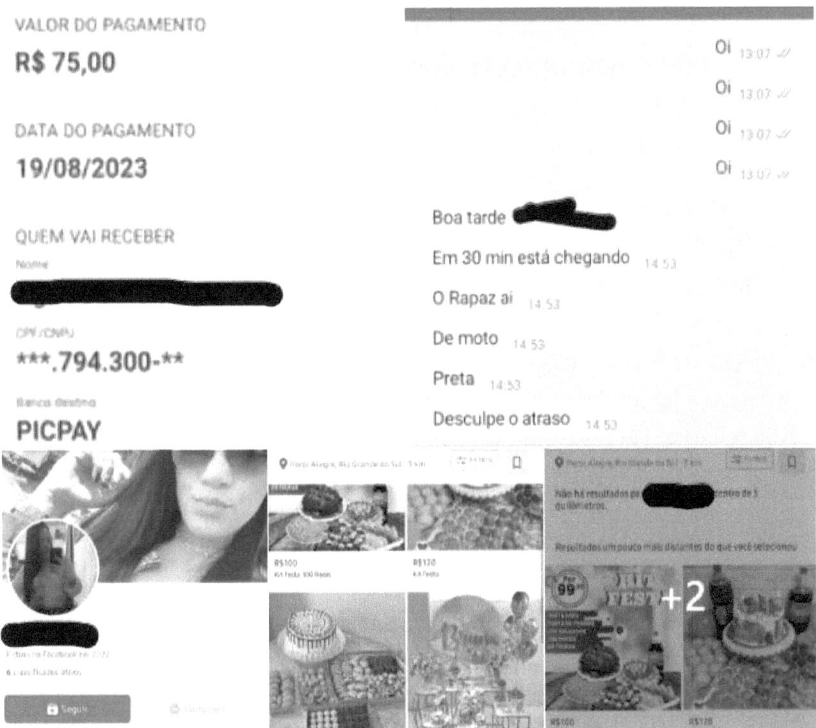

Mais um relato de golpe com kit de festa relatado em grupos de anúncios (Imagem: Facebook)

Infelizmente, o Golpe do Marketplace tem muitas variações, cada uma projetada para iludir suas vítimas de maneira diferente. Desde compradores que pagam por produtos e nunca os recebem até vendedores que entregam seus itens a motoristas de aplicativos apenas para nunca mais vê-los, os golpistas são astutos em suas abordagens. Vamos conhecer alguns relatos desses cenários criados pelos golpistas.

O caso mais comum em grupos de venda e marketplaces é a vítima pagar por um produto e não receber. Pude encontrar uma mãe que queria realizar uma festa para sua filha de 2 anos, pois queria criar memórias boas para a menina. Para encontrar os itens necessários, ela recorreu ao marketplace de uma rede social, um lugar onde muitos buscam produtos e serviços de confiança.

Foi então que ela encontrou Kelly, uma vendedora que fazia parte do mesmo grupo online. Tudo parecia promissor, e um acordo foi feito: a mãe pagou adiantado por um kit festa que seria entregue no dia seguinte. No entanto, o que parecia uma transação simples e segura se transformou em um pesadelo. À medida que o horário da entrega se aproximava, Kelly desapareceu. A mãe tentou entrar em contato, mas todos os sinais indicavam que ela estava sendo ignorada. As mensagens foram bloqueadas e a entrega nunca aconteceu.

O que era para ser uma celebração alegre se transformou em uma situação angustiante. A mãe agora além de ter perdido seu dinheiro, teria que lidar com a frustração de ver os planos para a festa de sua filha desmoronarem. Ela até mencionou a possibilidade de registrar um boletim de ocorrência, pois se sentia vítima de fraude, golpe e danos morais, já que a festa havia sido arruinada. A mãe alertou sobre o golpe no grupo em questão e mais vítimas da mesma golpista surgiram.

Alguns relatos de golpe incluem inclusive perfis falsos de lojas de roupas, bolos, itens automotivos, maquiagem, perfumes, tênis e outros. Todos com itens oferecidos com um preço bem inferior ao preço normal de mercado. Sempre procure referências das pessoas ou estabelecimentos que você deseja efetuar qualquer tipo de compra.

Outro relato, de uma professora de Manaus, denunciou um golpe por um perfil falso que também estava registrado como sendo de Manaus. A professora procurava um guarda-roupas para comprar, ao acessar uma rede social, encontrou um anúncio interessante. Um guarda-roupas anunciado a R$ 110, que satisfazia suas necessidades. Ao conversar com o perfil proprietário do anúncio, ele passou o nome de uma empresa de outro estado e deu um endereço na mesma cidade da professora para a retirada da mercadoria, prometendo fornecer toda a assistência necessária. Após efetuar o pagamento da mercadoria, o perfil bloqueou a professora. Comparecendo no local, os responsáveis pelo endereço informaram não ter nada relacionado a isso, provavelmente o golpista enviou um endereço aleatório.

oi gente, boa tarde.
vim informar sobre um golpe que sofri ontem.. vendi meu ps4 pra uma mulher que me contatou pelo marketplace, ela me pagou com nota falsificada e eu só percebi 2h depois dela ter vindo pegar o videogame na minha casa. o número "200" das notas tem GLITTER.
eu sou ingênua, não achei estranho ela me pagar 1.250 reais em dinheiro vivo, só que eu tenho 16 anos, não tenho um pingo de experiência em nada. a única nota verdadeira é uma de 50 reais.
essa na foto é a mulher.
o nome do perfil é [tarjado], mas a esse ponto esse nome nem deve ser dela, ela me bloqueou em tudo.. vou ir na polícia tentar resolver, de qualquer forma não adianta mais nada. moro no jardim eva.

Outro de Golpe do Marketplace, porém com notas falsas (Imagem: Facebook)

Em pesquisas rápidas pelas redes sociais podemos encontrar diversos perfis suspeitos. Um deles, denunciado por uma vítima, contém diversos produtos anunciados que estão em um preço bem inferior até mesmo a itens usados do mesmo modelo. Em um deles é possível ver uma televisão com um preço médio de R$ 1.300 anunciada por R$ 500. A vítima que denunciou o perfil perdeu R$ 250 ao tentar comprar um celular com o perfil em questão.

Outros relatos, como o caso de uma manicure de 25 anos de Ribeirão Preto, informam perfis e números comerciais de WhatsApp, com informações sobre endereço da loja, logotipo, catálogo de produtos e até

CNPJ. A conversa com o vendedor prosseguiu tranquilamente. Ele ou ela se comunicava de forma educada e profissional, transmitindo confiança. Até mesmo ao fornecer um suposto CNPJ da loja para a chave Pix, tudo parecia estar em ordem. A manicure fez o pagamento por um calçado que se interessou, incluindo o valor do frete, e a vendedora informou que avisaria quando fizessem a postagem do item. Nos próximos três dias a manicure enviou mensagens no número da loja, que a ignorou e no terceiro dia bloqueou seu número.

Esse relato é um lembrete doloroso de como, mesmo quando estamos tomando todas as precauções aparentes, os golpes podem se esconder onde menos esperamos. A vítima não apenas perdeu dinheiro, mas também se viu enganada por alguém que explorou sua confiança.

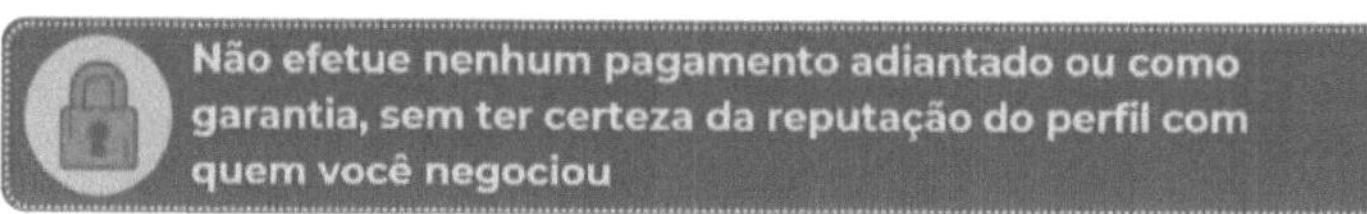

Outro tipo de golpe é de perfis vendendo itens usados, quando você demonstra interesse, ele comunica que o item já está em cima do carreto que ele chamou para realizar a entrega. Pedindo somente o valor do frete, geralmente de R$ 50, a vítima acredita que está realmente adquirindo um item legitimamente e depois de pagar o frete e aguardar a entrega para pagar o restante, o produto nunca chega.

Esses golpes são vistos com todos os tipos de itens, há inúmeros relatos online sobre golpes de falsas vendas de eletrodomésticos, roupas, calçados, cursos, kit de festas, livros, celulares, computadores, notebooks, e até mesmo itens mais caros como carros e motos, máquinas agrícolas, caminhões.

Em São Caetano do Sul, no ABCD paulista, um trabalhador foi lesado em mais de R$ 4 mil ao tentar comprar uma moto. O golpista usava um perfil de uma pessoa de boa aparência e convencia as vítimas a depositarem um sinal para ficar com a moto. Confiando que o golpista era uma pessoa idônea e que realmente havia muitos interessados na moto, a vítima efetuou a transferência para o golpista, que logo depois parou de responder as mensagens e em seguida o bloqueou.

Os relatos são inúmeros, basta uma pesquisa por publicações que contenham a palavra-chave “golpe” com um complemento do meio, como "marketplace", "aluguel", "cartão", "roubo", que é possível encontrar uma infinidade de relatos recentes e antigos com as mais diversas histórias e produtos.

COMO SE PROTEGER DO GOLPE DO MARKETPLACE/GRUPOS DE VENDA

O Golpe do Marketplace é uma realidade com a qual todos os compradores e vendedores online precisam lidar. No entanto, com algumas precauções simples, você pode reduzir significativamente o risco de se tornar uma vítima desse tipo de fraude. Aqui estão algumas dicas para proteger-se:

1. Antes de efetuar qualquer compra, pesquise o perfil do vendedor. Verifique a quantidade de avaliações positivas, o tempo de atividade no marketplace e a presença de informações detalhadas sobre o vendedor, como endereço físico e contato telefônico. Quanto mais informações disponíveis, melhor;
2. Se uma oferta parecer boa demais para ser verdade, desconfie. Golpistas muitas vezes usam preços extremamente baixos para atrair vítimas em potencial. Compare os preços com outras ofertas similares para ter uma ideia mais realista do valor do produto;
3. Mantenha a comunicação dentro da plataforma do marketplace sempre que possível. Evite fornecer informações pessoais, como números de telefone ou endereços de e-mail, em mensagens externas;
4. Não faça pagamentos adiantados ou fora da plataforma. O uso de métodos de pagamento seguros oferecidos pelo marketplace, como Pix, é preferível. Evite fazer transferências bancárias para contas desconhecidas;
5. Esteja preparado para perceber os sinais de alerta, como pressa excessiva, solicitações de pagamento antecipado ou alegações de que o vendedor está se mudando para o exterior. Golpistas frequentemente usam histórias emocionais para manipular as vítimas;
6. Confie em seus instintos. Se algo não parece certo ou gera dúvidas, é melhor recuar e pesquisar mais antes de prosseguir com a transação;

7. Mantenha registros de todas as comunicações e transações. Isso pode ser útil caso você precise denunciar uma fraude às autoridades ou ao marketplace.

Lembre-se de que, embora o Golpe do Marketplace seja uma ameaça real, a maioria das transações online ocorre sem problemas. Ficar atento e adotar práticas seguras pode ajudar a garantir que suas compras e vendas online sejam bem-sucedidas e livres de fraudes.

Outro golpe comumente associado ao Golpe do Marketplace/Grupos de Venda é o Golpe do Intermediário, que será explicado no capítulo a seguir.

GOLPE DO INTERMEDIÁRIO

COMO FUNCIONA?

Imagine um cenário: você está interessado em um carro que custa R$ 30 mil, porém você encontra um anúncio do mesmo modelo de carro, em boas condições, por apenas R$ 22 mil. Você entra em contato, marca de ver o carro e se apaixona, depois de voltar embora e pensar, você decide ficar com o carro. Você efetua o pagamento e, com a sensação de ter feito um excelente negócio, se prepara para buscar o veículo. No entanto, quando chega para pegar o carro, você é confrontado com uma realidade chocante: o verdadeiro dono do veículo afirma nunca ter recebido nenhum pagamento.

O que aconteceu? Você acaba de se tornar a vítima do Golpe do Intermediário, uma artimanha enganosa que ilude tanto compradores quanto vendedores, deixando todos a ver navios. O Golpe do Intermediário é uma trama ardilosa em que um indivíduo desonesto finge ser o proprietário legítimo de um item, como um carro, uma casa, ou até mesmo produtos eletrônicos. Este golpe costuma ter algumas etapas.

A primeira consiste no golpista copiar um anúncio de algum site como Olx, Mercado Livre, Facebook, ou outro site de classificados. Para isso ele escolhe um item valioso, como carro, moto, casas ou qualquer anúncio que ele consiga encaixar o golpe. Quando ele copia esse anúncio, ele o faz com um preço muito inferior ao preço original, para tornar o anúncio mais atrativo.

Depois do anúncio criado, compradores interessados entram em contato com o golpista, devido ao preço baixo e atrativo em que o item foi anunciado. O golpista se apresenta como o vendedor real do item.

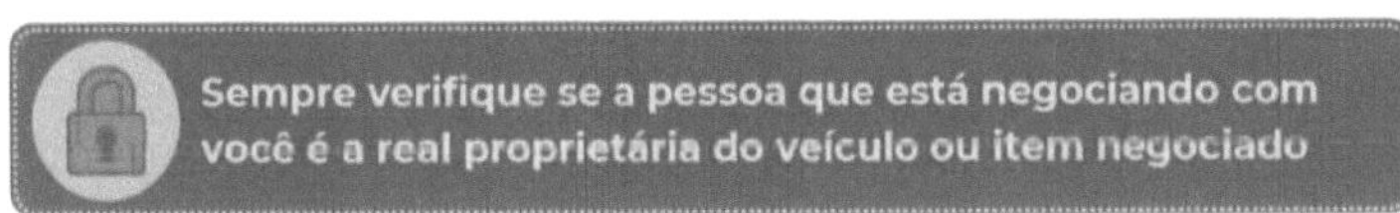

Quando o golpista recebe um contato de um possível comprador, ele fala com o vendedor original do item. Para o vendedor, ele vai contar uma história para fazer o vendedor omitir alguns detalhes para o possível comprador. O golpe vai consistir em o comprador acreditar que o dono original do bem é apenas um amigo que vai mostrar o item ao comprador. Para isso o golpista diz ao vendedor que é algum parente ou amigo que vai ver o carro para ele, porém pede para não informar o valor do veículo para esse amigo, ou informar o valor abaixo do mercado (o mesmo que ele colocou no anúncio para o comprador se interessar), para não acharem que ele tem dinheiro ou porque ele tem alguma dívida com aquela pessoa, ou alguma outra história que faça o vendedor omitir informações ou se adequar a sua narrativa.

Para o comprador, golpista diz para informar a quem mostrará o carro apenas que é seu amigo, cunhado, primo etc. e que foi ver o carro e que depois que ver o carro é para dizer que ia ver comigo sobre a compra do carro. Quando o comprador chega e informa que é amigo ou parente do golpista (que o vendedor original acha ser o comprador), o vendedor apenas mostra o carro e inocentemente passa as informações conforme convém ao golpista. Quando o vendedor finaliza de mostrar o carro e o comprador informa que verá com o golpista, o vendedor acha que o golpista é o comprador do carro e o comprador acha que o golpista é o vendedor do carro.

Ao retornar e informar ao golpista que gostou do veículo ou bem, ele pede para realizar a transferência do valor do veículo ou de uma parcela dele e comparecer no local para buscar. Quando o comprador efetua a transferência e vai buscar o bem, o dono e vendedor original, diz que não efetuou nenhuma venda e que não recebeu valor algum.

Esse é um golpe que vem causando dor de cabeça não apenas para quem transfere o valor do bem, mas também para o seu dono, pois na cabeça de algumas vítimas, elas podem achar que o dono do bem também faz parte do golpe.

Há inúmeros relatos desses casos em redes sociais e fontes de notícia. Casos em que a vítima perdeu desde quantias pequenas como R$ 4 mil até grandes valores como R$ 200 mil reais. Em Minas Gerais, um agricultor viu um anúncio de uma máquina agrícola e se interessou. Ao falar com o vendedor, ele lhe informou que a máquina estava no sítio do seu tio e que como o tio era um homem sistemático, não gostava de desconhecidos em sua propriedade, então era para o comprador dizer que era seu amigo e foi ver a máquina para comprar. Ao chegar lá, o senhor apresentou a máquina para o comprador, que agradeceu e foi embora. Quando o comprador retornou, informou que iria ficar com a máquina e transferiu R$ 70 mil para o golpista e ao se dirigir ao sítio para pegar a máquina, foi informado de o dono do sítio era também dono da máquina e que nunca havia recebido dinheiro algum.

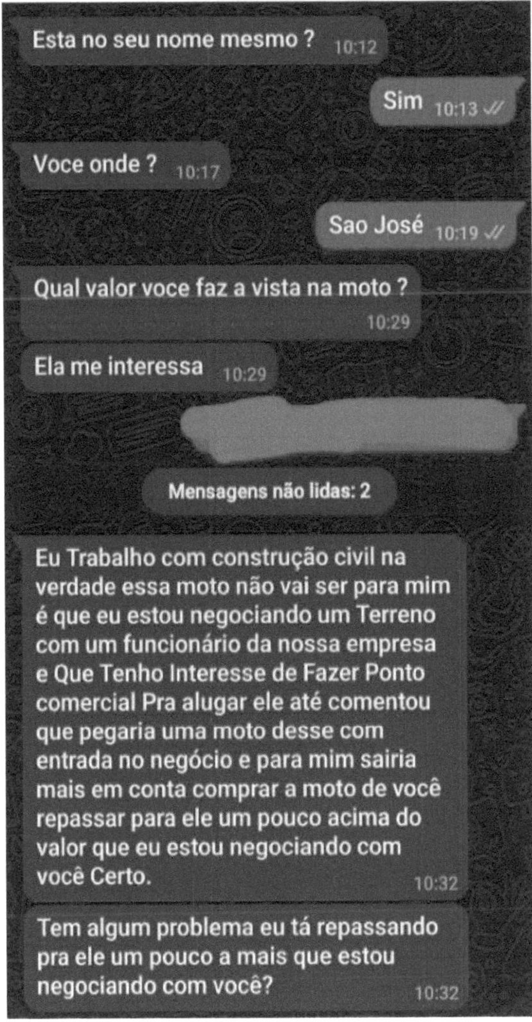

Em um relato publicado um alvo mostra o golpista contando uma história convincente para a vítima (Imagem: Internet)

O golpista também estava em contato com o dono da máquina e disse para ele que iria enviar um representante que avaliaria a máquina. Como tanto o vendedor quanto o comprador acreditaram no golpista, foi fácil para o golpe ser concretizado. Após receber o pagamento, o golpista some, deixando o comprador sem o item e sem o dinheiro.

Gente cai em um golpe muito vi um anuncio aqui no Facebook chamei a menina daí a menina me passou o número do cara conversei com ele pelo WhatsApp daí ele falou que o carro estava no amigo dele fui até lá olhei o carro e fiz o pix pra ele quando eu fiz o pix ele me bloqueou daí o tal amigo que ele disse que era amigo na vdd era o dono do carro ele falou que o cara falou que só ia anúncio o carro pra poder ajudar ele vender alguém já caiu nesse golpe tbm?

Um relato publicado de Campinas/SP, informando mais um caso do Golpe do Intermediário (Imagem: Facebook)

Há alguns relatos em que enquanto o comprador decide se vai ficar com o bem ou vai buscá-lo, o golpista também tenta tirar alguma vantagem financeira do dono do bem. Para isso ele informa ao dono do bem que vai ficar com o item e que precisa cadastrar o bem para financiamento, informando que o vendedor precisa pagar uma taxa para registrar o bem dele para ser apto ao financiamento que o falso comprador realizará.

Desconfie de qualquer história estranha ou pedido para esconder informação. Na dúvida encerre o contato e cancele a negociação

Esses golpes podem ser evitados se esclarecendo com o vendedor ou comprador do item, pergunte claramente as dúvidas que você tem ou as informações que você recebeu. Pergunte se a pessoa que você está conversando é realmente dona do bem e peça uma documentação da pessoa e do bem para verificação de identidade. Pois também há casos em que o golpista pega um carro para realizar um teste drive em uma concessionária ou estacionamento e levou o carro para a vítima ver. Em alguns dos relatos inclusive o golpista deixa o bem com a vítima e promete enviar a documentação por correio e assinada, a vítima paga o golpista e vai embora com o bem, para depois ter a surpresa de ter seu bem apreendido enquanto anda na rua.

COMO SE PROTEGER DO GOLPE DO INTERMEDIÁRIO

O Golpe do Intermediário pode ser evitado com algumas medidas simples. Aqui estão dicas cruciais para proteger-se contra essa artimanha enganosa:

1. Antes de qualquer pagamento, exija e verifique cuidadosamente os documentos de propriedade e identificação do vendedor. Certifique-se de que correspondem aos registros oficiais e que a pessoa com quem você está lidando é quem afirma ser;
2. Sempre busque comunicar-se diretamente com o verdadeiro proprietário do item em questão. Evite intermediários desconhecidos, pois isso pode aumentar a probabilidade de cair em um golpe, valide a identidade com documentos;
3. Faça uma pesquisa minuciosa sobre o vendedor em sites de avaliação, fóruns de consumidores e redes sociais. Verifique se há feedbacks negativos ou históricos suspeitos relacionados a ele;
4. Preços significativamente abaixo do mercado são um grande indicador de alerta. Se uma oferta parecer boa demais para ser verdade, investigue a fundo antes de prosseguir;
5. Prefira utilizar métodos de pagamento seguros, como serviços de pagamento em marketplace ou transferências bancárias. Esses métodos oferecem camadas adicionais de proteção ao comprador em caso de problemas;
6. Se você decidir se encontrar com o vendedor pessoalmente, escolha um local público e seguro para a transação. Evite encontros em locais desconhecidos ou remotos;

7. Antes de efetuar o pagamento, verifique a identidade do vendedor novamente, pedindo documentos adicionais, caso necessário, também só transfira para uma conta bancária em que a propriedade da conta e do bem são da mesma pessoa, assim você garante que o dinheiro está indo para o verdadeiro dono do bem;
8. Se você suspeitar de qualquer atividade fraudulenta, compartilhe sua experiência com amigos e familiares. Eles podem oferecer insights e avisos importantes. Confie sempre em seu instinto. Se algo parecer estranho ou suspeito, não hesite em interromper a transação e denunciar o vendedor, se necessário.

Lembre-se de que a cautela é fundamental quando se trata de transações de bem de alto valor. É melhor ser precavido do que cair em um golpe e enfrentar prejuízos financeiros e emocionais. Ao seguir essas dicas, você estará mais bem preparado para evitar o Golpe do Intermediário e outras armadilhas online, como o Golpe do Falso Locatário, que se parece com o Golpe do Intermediário.

GOLPE DO FALSO LOCADOR

COMO FUNCIONA?

Imagine um cenário: você está procurando uma casa para alugar e encontra um anúncio online, para um aluguel direto com o proprietário. O valor do aluguel é perfeito para o que você procura. Após marcar com o locador e comparecer no imóvel, você diz que vai pensar. O locador informa que já tem mais três interessados e que provavelmente se você não fechasse agora você ficaria sem. Você fecha o negócio com ele, que lhe deixa com as chaves e exige um depósito de segurança no valor de três meses de aluguel. Você efetua um Pix para a dona do imóvel e faz sua mudança. Uma semana depois você é surpreendido com um representante de uma imobiliária local e a Polícia Militar, pois você está invadindo uma casa que tem dono!

O Golpe do Falso Locador é uma artimanha enganosa que visa ludibriar pessoas em busca de imóveis para alugar. Esse ardiloso golpe, infelizmente, tem feito muitas vítimas que confiam em anúncios online para encontrar a tão desejada moradia.

Tudo começa com um anúncio de aluguel extremamente atraente, geralmente em sites de classificados ou grupos de anúncios. O preço é tentador, o imóvel parece perfeito e o anúncio frequentemente afirma que a negociação é direta com o proprietário.

Após o interessado entrar em contato, o golpista se apresenta como o proprietário legítimo do imóvel. Ele pode fornecer documentos falsos, como contratos de aluguel e até mesmo chaves do imóvel, criando uma fachada convincente. O golpista pressiona o futuro locatário para fechar o negócio rapidamente, muitas vezes alegando que há outros interessados.

CUIDADO GENTE PURO GOLPE

Gente não caia no golpe pois chamei a mesma no Facebook e ela me passou o contato dela q o DDD é 67 e tenho o dinheiro em mão ela ela recusou falando q precisava no pix e o endereço é esse "" e a casa não está pra aluguel e a casa é totalmente diferente não cai no golpe, a mesma chegou até me bloquear depois de tantas perguntas que fiz a ela

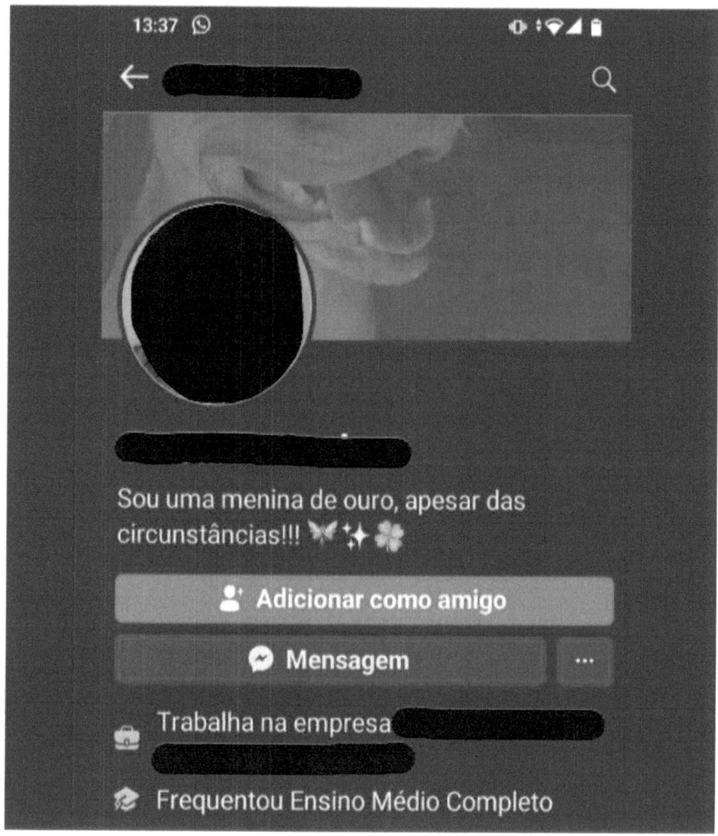

Relato publicado em rede social por outra vítima de golpe (Imagem: Facebook)

A vítima, ansiosa para garantir o imóvel, pode se sentir compelida a agir sem pensar. Para selar o acordo, o golpista exige um depósito de segurança substancial, geralmente equivalente a vários meses de aluguel. Ele instrui a vítima a efetuar um pagamento, frequentemente por meio de Pix ou transferência bancária, fornecendo dados de conta falsos ou de terceiros.

Com o pagamento feito, a vítima recebe as chaves e muda-se para o imóvel. No entanto, uma semana ou algumas semanas depois, a verdade desagradável vem à tona quando o verdadeiro proprietário, representante de imobiliária ou a polícia aparecem para reivindicar a propriedade.

Foi isso que aconteceu com uma grávida de 28 anos, que procurando em anúncios em uma rede social, acabou encontrando um aluguel num preço bom e em um imóvel que lhe agradava. Ela negociou com a proprietária do imóvel e marcou de conhecer o imóvel. Como ela gostou do imóvel e tinha urgência para mudança, logo negociou o preço do aluguel com a locatária e efetuou o pagamento. Dias depois a imobiliária que era responsável pela casa compareceu lá junto com policiais, informando que a casa não estava alugada e que ela estaria invadindo.

Quando ela informou a situação, mostrando para o dono da imobiliária e para os policiais todas as conversas que teve com a golpista e o comprovante de Pix que efetuou referente a três meses de aluguel, no valor de R$ 3 mil, o dono da imobiliária se sensibilizou com a vítima e autorizou a permanência dela por mais um mês na residência para que encontrasse um outro lugar para morar. A vítima é mãe solteira, tem dois filhos e sobrevive de artesanato e doações.

Em um relato de uma variação desse golpe, o golpista pede antecipadamente o valor de metade do primeiro aluguel para reservar a casa para o interessado. É o relato de uma socorrista no Rio de Janeiro, que perdeu R$ 400 após negociar o aluguel de uma casa e adiantar o valor para o golpista.

Em alguns casos, a própria vítima, em um gesto de boa fé ou confiança equivocada, se oferece para adiantar o valor do aluguel com o intuito de garantir a locação. Afinal, quem não gostaria de assegurar o lugar dos sonhos rapidamente? Foi o que aconteceu com Paula, uma mãe de três filhos que mora no interior de São Paulo. No caso dela, ao encontrar uma casa que se encaixava perfeitamente no seu orçamento e do seu marido e nas suas necessidades, mandou mensagem para o dono do anúncio. Ao tentar combinar de ver o imóvel, a anunciante informou que só poderia mostrar dois dias depois, pois havia muitos interessados antes. Depois de conversar mais um pouco, Paula propôs, numa tentativa de garantir a casa, pagar a quantia de R$ 800, que representaria o valor de um mês de aluguel, para que a proprietária reservasse a casa para ela. Após efetuar o pagamento, a anunciante apagou todos os áudios e mensagens da conversa com a vítima e a bloqueou.

E golpe ! Aluguei um apartamento para o feriado! Infelizmente era golpe, muito educada, mandou vários vídeos, áudios, vídeo chamada. Porém não existe !
No face está como Ana korolina vou postar .
Descobri nome verdadeiro documento etc.
vou tomar as providências mas cuidado.

Ela muda a foto direto, sei quanto é dificl para as pessoas corretas.

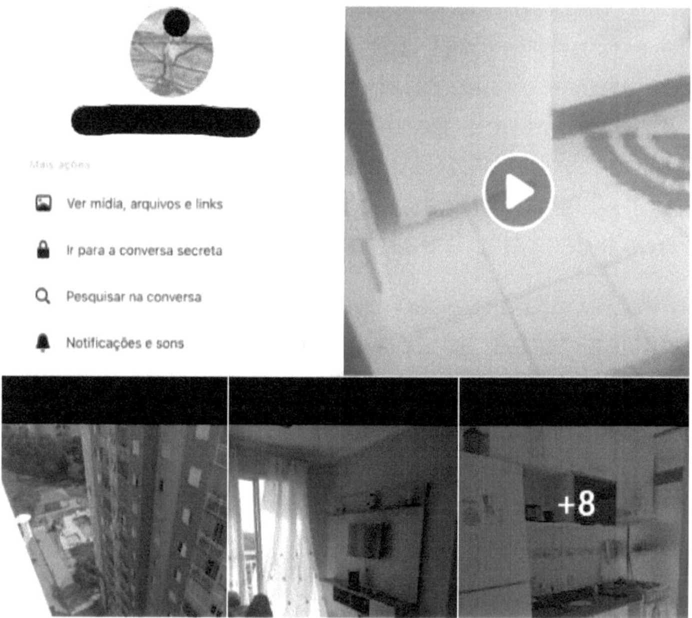

Relatos de diversos usuários em redes sociais informando diversos tipos de golpes do falso locador (Imagem: Facebook)

Há também casos em que o golpista falsifica documentos, escrevendo contratos, para parecer que é o proprietário legítimo do imóvel. Na hora em que o interessado vai ver o imóvel, ele apresenta esses documentos como tentativa de adicionar credibilidade a negociação.

COMO SE PROTEGER DO GOLPE DO FALSO LOCADOR

O Golpe do Falso Locador é um golpe simples, porém que pode causar sérios prejuízos financeiros e emocionais. Felizmente, você pode se proteger adotando medidas de segurança e cautela. Aqui estão algumas dicas essenciais para garantir que sua busca por um novo lar seja uma experiência segura e genuína:

1. Antes de prosseguir com qualquer negociação, verifique a autenticidade do anúncio e do anunciante. Peça documentos de identificação, comprovante de propriedade do imóvel e procure

referências, também garanta que os documentos apresentados são originais;
2. Sempre visite o imóvel pessoalmente antes de tomar qualquer decisão. Desconfie de proprietários ou intermediários que se recusam a permitir visitas;
3. Evite fazer pagamentos adiantados, especialmente antes de visitar o imóvel e assinar o contrato. Desconfie de locadores que solicitam depósitos antes mesmo da formalização do acordo;
4. Certifique-se de que toda a documentação necessária, como escritura, matrícula e impostos, esteja em ordem e atualizada;
5. Certifique-se de que o locador é o verdadeiro proprietário do imóvel. Você pode fazer isso consultando registros públicos ou solicitando documentos comprobatórios, se você tem qualquer dúvida, compareça à prefeitura para conferir;
6. Se algo parecer suspeito ou se o processo de locação for apressado demais, confie em seu instinto e considere isso um sinal de alerta.

A prevenção é a melhor defesa contra o Golpe do Falso Locador. Ao seguir essas diretrizes e permanecer vigilante durante o processo de locação, você estará mais bem preparado para evitar fraudes e assegurar uma experiência de locação segura e legítima. Proteja-se e garanta que seu novo lar seja tudo o que você espera que seja.

GOLPE DA TROCA DE PAGAMENTO/MAQUININHA

COMO FUNCIONA?

Imagine um cenário: em um cenário de euforia após uma bem-sucedida promoção em sua loja, o lojista celebrava a alta demanda de clientes e as inúmeras transações realizadas, tanto por meio do Pix quanto por cartões de crédito e débito. Recordes de vendas foram batidos naquele dia, e a perspectiva de lucros consideráveis enchia-o de satisfação. No entanto, ao chegar em casa e verificar as transações, um sentimento de consternação tomou conta dele. Nenhuma das vendas processadas via Pix ou cartão de crédito havia sido registrada em sua conta. Foi então que ele se deu conta de que foi vítima do Golpe da Troca de Pagamento, onde golpistas haviam substituído sua maquininha original por uma adulterada e o código QR por outro que não era o da loja, resultando na perda de todas as transações daquele dia.

Esse golpe é uma tática empregada por golpistas que envolve a substituição sorrateira da maquininha de cartão de crédito ou débito de um estabelecimento comercial por outra, com o intuito de roubar informações financeiras dos clientes e desviar pagamentos. Esse golpe é uma ameaça séria para pequenos empresários e consumidores.

Recentemente com a popularização do Pix como meio de pagamento, os golpistas também imprimem um código QR para receber Pix e com o auxílio de uma fita dupla face, colam por cima do código QR original do estabelecimento, desviando todas as transferências via Pix para a chave que o golpista gerou o código.

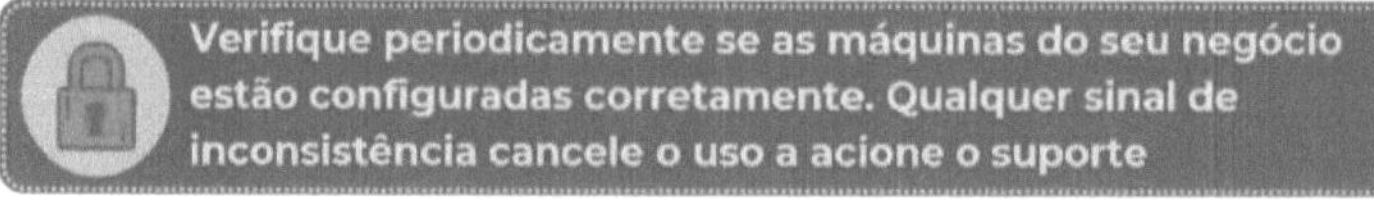

Um grupo foi preso em Goiás acusado de aplicar o golpe em vários estabelecimentos da região, somando prejuízos de mais de R$ 400 mil. Segundo investigações, o grupo frequentava uma certa região e verificava as marcas e modelos que alguns comércios utilizavam. Após efetuar a compra de máquinas idênticas ao dos comércios, os golpistas configuravam para receberem pagamentos em suas contas e efetuavam a substituição nos comércios que foram alvo do grupo.

Em uma publicação em uma rede social, o dono de um pequeno mercadinho divulgava imagens da câmera de segurança do seu estabelecimento, alertando outros comerciantes na região do Morumbi para ficarem em alerta, pois haviam acabado de tentar aplicar o golpe nele.

Um outro caso registrado na Paraíba relata um proprietário de posto de gasolina que teve suas máquinas trocadas, analisando as imagens do incidente, foi possível verificar os golpistas aguardando um momento de distração dos frentistas para efetuar a troca dos dispositivos. A ação dificilmente gera suspeitas pois os pagamentos continuam sendo concluídos normalmente, o problema é que o valor vai para a conta dos golpistas ao invés do dono do estabelecimento. As contas utilizadas pelos golpistas eram registradas nos estados de Tocantins e Maranhão. O proprietário informou que só percebeu o golpe quando foram encerrar o controle de caixa do estabelecimento, pois notaram uma diferença de R$ 9 mil reais.

Em 2022, em uma outra operação em Goiás, a Polícia Civil bloqueou mais de 90 contas de pessoas envolvidas com golpes de troca de maquininha. Um comerciante local teve prejuízo de R$ 150 mil reais após a quadrilha efetuar a troca das máquinas de pagamento do seu estabelecimento.

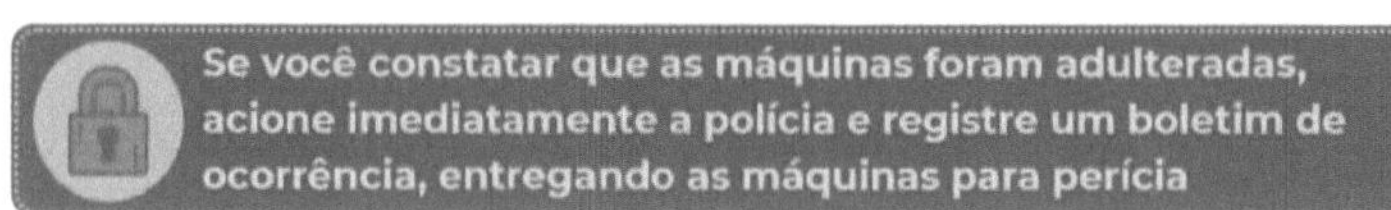

Em um outro caso, um salão de beleza do interior de Minas Gerais notou que no fim do dia havia uma diferença grande no fechamento do caixa. Foi quando a proprietária percebeu que nenhum pagamento realizado por Pix havia caído na conta dela naquele dia. Depois de quebrar a cabeça tentando descobrir o que havia acontecido, de passar horas na central de atendimento do banco verificando se houve algum problema, sem encontrar nenhuma solução, ela verificou com uma das clientes que pagou com Pix, quando percebeu que o destinatário da transferência não era a sua conta e sim a de um golpista. Foi quando ela verificou o seu código QR disponível no balcão do estabelecimento e descobriu que ele foi adulterado com um outro código QR colado em cima do original.

Também no mesmo modo de operação, criminosos causaram mais de R$ 300 mil reais em prejuízo a um empresário da cidade de Novo Hamburgo. Na ocasião a Polícia Civil suspeitava até da participação de funcionários dos estabelecimentos afetados. Em uma operação de sucesso, os policiais efetuaram apreensão de vários itens utilizados pelos golpistas para efetivarem os golpes.

Vários cartões, máquinas de cartão, celulares e documentos foram apreendidos pela polícia. (Imagem: Polícia Civil)

O Golpe da Troca de Pagamento pode afetar diversos tipos de empreendimentos, desde empresas e serviços simples até grandes empresas com um faturamento diário bem maior.

COMO SE PROTEGER DO GOLPE DA TROCA DE PAGAMENTO

Proteger-se contra esse golpe requer atenção e cuidados específicos constantes. Aqui estão algumas dicas essenciais para prevenir esse tipo de fraude:

1. Antes de aceitar a visita de alguém que diz ser técnico da empresa de maquininhas ou qualquer prestador de serviços, confirme sua identidade. Solicite um crachá ou documento que comprove a relação com a empresa e verifique-o cuidadosamente. Verifique também com a empresa se ela enviou algum técnico ao estabelecimento;

2. Guarde sua maquininha em um local seguro e de difícil acesso para pessoas não autorizadas. Isso reduz a possibilidade de alguém a substituir sem seu conhecimento;
3. Antes de usar sua maquininha, verifique se não há sinais de adulteração, como rachaduras, fios soltos ou componentes fora do lugar. Caso encontre algo suspeito, não a utilize e entre em contato com a empresa responsável;
4. Nunca perca a maquininha de vista durante um pagamento, a substituição da maquininha pode ser feita muito rápida e pode ser difícil detectar;
5. Cole algum tipo de identificação em algum local da máquina, assim você consegue facilmente verificar se elas foram adulteradas;
6. Ao receber pagamentos por meio de código QR, confirme sempre o valor e a identidade do pagador, também confira se as transações estão realmente caindo na sua conta, para isso configure notificações para facilitar a visualização da chegada desses valores;
7. Se suspeitar de alguma atividade fraudulenta, denuncie imediatamente à empresa de maquininhas, à polícia ou ao órgão regulador competente;
8. Se você é um proprietário de negócio, certifique-se de treinar sua equipe para reconhecer golpes e adotar protocolos de segurança ao processar pagamentos;
9. Restrinja o acesso à maquininha apenas a funcionários de confiança e treinados, que conheçam os procedimentos de segurança.

É importante sempre checar esses e outros pontos, além de permanecer bem-informado e educar-se continuamente sobre as táticas utilizadas pelos golpistas.

GOLPE DA TROCA DE CARTÃO

COMO FUNCIONA?

Imagine um cenário: você está numa festa de carnaval, decide que para diminuir o calor você precisa de uma cerveja bem gelada. Ao visualizar um vendedor ambulante com um preço bom, você decide aproveitar a promoção de cervejas 3 por 10 dele. O ambulante está com a máquina de cartão em um cordão em volta do pescoço, então pega seu cartão para efetuar a transação, como a máquina está bem próxima a ele, fica quase impossível ele não ver você digitando sua senha, você paga normalmente, pega seu cartão e vai embora. Enquanto você está bebendo sua cerveja, você percebe que seu celular começa a emitir notificações seguidamente, pensando ser um amigo te procurando, ao pegar o celular para verificar, você percebe que na verdade são diversas transações de alto valor sendo feitas do seu cartão do banco. Quando você pensa que isso é impossível, pois seu cartão está no seu bolso com você. O cartão no seu bolso, apesar de ser igual o seu, mesma cor, mesmo banco, mesma bandeira, ele está no nome de outra pessoa. Você acabou de cair no Golpe da Troca de Cartão.

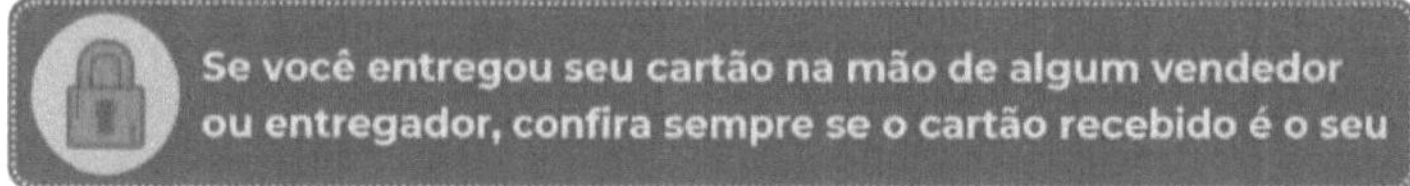

Esse golpe já foi relatado em diversas variações, mas geralmente funciona quando você entrega um cartão para realizar um pagamento. Achando que o vendedor apenas fará a transação e devolverá o cartão sem problemas, você entrega para concluir a compra que está realizando. No entanto, nesse momento, o golpista, que pode ser um motoboy, ambulante ou mesmo um funcionário do estabelecimento, aproveita-se de sua distração para realizar uma manobra sorrateira.

Primeiro ele vai decorar os 4 ou 6 dígitos que você usa como senha no seu cartão, ao ver você digitá-los. Depois de concluir a transação, ele vai usar uma mágica para trocar seu cartão!

A técnica de mágica frequentemente aplicada no Golpe da Troca de Cartão é conhecida como "palming". Trata-se de uma habilidade em que o golpista realiza uma troca de cartão de forma sutil e imperceptível enquanto mantém o cartão original escondido na palma da mão. Essa técnica é similar às manobras que mágicos utilizam em truques de ilusionismo para ocultar ou substituir objetos. No Golpe da Troca de Cartão, o golpista utiliza essa habilidade para trocar o cartão do cliente por um outro cartão, muitas vezes falso ou roubado, enquanto o cliente está distraído ou desatento.

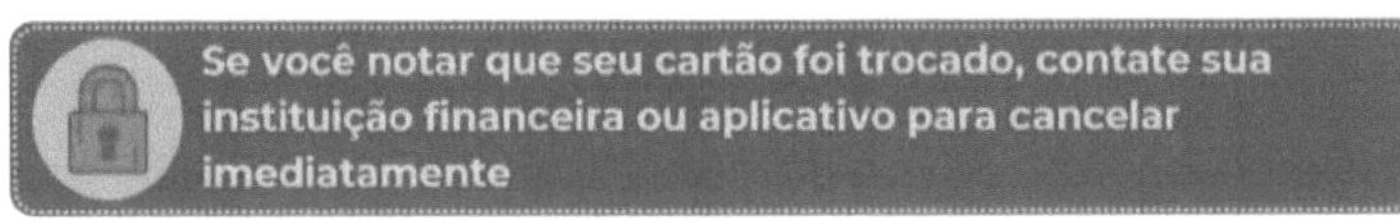

Após efetuar a troca do cartão o golpista se evade do local rapidamente, onde vai efetuar as transações que forem possíveis, tirando o máximo de dinheiro que conseguir das vítimas. Que ao perceberem o que aconteceu, já é tarde demais e o dinheiro já foi removido de suas contas.

Há também uma variação feita a distância desse golpe, em que um golpista efetua uma ligação para a vítima e diz ser do banco, informando que houve transações suspeitas na conta da pessoa e que seu cartão seria cancelado. Para cancelar as transações o banco precisaria analisar o cartão, então é necessário que a vítima coloque o cartão junto com a senha em um papel e entregue para o motoboy do banco, que efetuará a coleta do cartão. Quando a vítima entrega o cartão para o motoboy, as transferências são feitas da conta dela para conta dos golpistas ou de laranjas.

Esse golpe juntamente ao Golpe da Maquininha, em que o valor da compra é adulterado, são comumente aplicados em eventos e locais com grande número de circulação de pessoas, devido ao alto número de distrações e a facilidade do golpista de se misturar no meio da multidão.

COMO SE PROTEGER DO GOLPE DA TROCA DE CARTÃO

Aqui estão algumas dicas importantes para ajudar na prevenção do Golpe da Troca de Cartão:

1. Ao fazer compras na rua, não entregue seu cartão a terceiros para que eles insiram na máquina e efetuem o pagamento. Realize esse processo pessoalmente;
2. Tenha o cuidado de digitar sua senha de forma que ela não fique visível para outras pessoas ao seu redor;

3. Não aceite realizar pagamentos se o visor da máquina estiver danificado, impedindo que você veja claramente o valor da transação;
4. Sempre verifique se o valor digitado na máquina corresponde ao que você concordou pagar e solicite um comprovante impresso da transação;
5. Fique atento se o vendedor insistir em passar o cartão novamente. Verifique se o valor cobrado corresponde ao acordado e se não há cobranças adicionais pelo aplicativo do seu banco;
6. Ao receber de volta seu cartão após uma transação, certifique-se de que é o seu cartão original que está sendo devolvido;
7. Mantenha seu celular seguro, especialmente em situações de aglomeração, como em festas de Carnaval, para evitar furtos;
8. Utilize senhas únicas para acessar sua conta bancária e configure bloqueios de tela, como biometria facial ou digital, para proteger seu celular e aplicativos. Ative também o bloqueio automático de tela;
9. Se tiver seu celular ou cartão roubado, comunique imediatamente seu banco e registre um boletim de ocorrência para evitar possíveis golpes financeiros.

Fique sempre alerta as movimentações estranhas e a qualquer sinal de problema ou desconfiança, cancele a compra e escolha outra opção. É melhor garantir a segurança na transação do que ter surpresas futuras por uma falta de cuidado.

É importante também estar atento a notícias e aos sites reais das instituições financeiras que você utiliza. Na seção geral sobre proteção você terá mais detalhes de como se manter atento e atualizado em relação a esses golpes.

GOLPE DO FALSO EMPREGO

COMO FUNCIONA?

Imagine um cenário: você está desempregado, buscando qualquer oportunidade para poder dar o seu melhor e conseguir uma chance de se reconstruir. Ao pesquisar em redes sociais você se depara com uma oferta tentadora de vagas, sem necessidade de experiência e que o pagamento é exatamente o que você precisa para segurar as pontas.

Depois de entrar em contato com o anunciante da vaga e enviar seu currículo, ele pede para você realizar cadastro em um site, você se cadastra. No outro dia ela lhe informa que seu perfil foi aprovado e que você pode começar já na próxima semana, só precisa pagar uma taxa de R$ 150 para fazer um exame e provar que você está apto a exercer a função disponível. Você está a um passo de cair no Golpe do Falso Emprego.

Nunca pague nenhuma taxa ou curso sob promessa de contratação. Nenhuma empresa legítima exige qualquer gasto para efetuar contratações

Esse golpe geralmente apresenta ofertas generosas de emprego, divulgadas via mensagens de WhatsApp, grupos de Facebook, posts no Twitter e outras formas de divulgação em redes sociais. Quando o interessado entra em contato, o golpista vai passar alguns cadastros e materiais de leitura para desviar a atenção do candidato e depois vai solicitar alguma forma de pagamento para concretizar a contratação da vítima como funcionário. Essas solicitações variam desde o pagamento de exames médicos até o pagamento de impostos, cadastros em sindicato, cadastro em planos de saúde, liberação de permissão de trabalho, compra de material de treinamento, pagamento de curso de treinamento ou qualquer outra coisa que o golpista consiga inventar.

Eu verifiquei aqui com a empresa a instituição que você me enviou, e a empresa contratante não aceitou a sua qualificação por se tratar de um curso on-line e não conter o mesmo conteúdo programático exigido pela contrante. Porém como a empresa gostou muito do seu perfil,vou está lhe encaminhando um contato de uma escola de cursos online indicada pela própria empresa contratante, se ainda possui interesse na vaga só está concluindo o curso pela plataforma indicada, estarei no aguardo do diploma até às 22:00 junto com a a carteira de trabalho, para está preenchendo a sua vaga.

Golpista solicitando que a vítima faça curso pago e incluindo senso de urgência para a vítima efetuar o curso rapidamente (Imagem: Internet)

Depois de efetuar o pagamento solicitado, o candidato nunca mais recebe contato da empresa e é bloqueado em todas as vias em que teve contato com o golpista. Geralmente os valores são baixos e as vagas são voltadas mais ao público geral, não exigindo nenhuma especialização.

As vagas também são sempre anunciadas em lotes de vinte ou mais vagas, para a vítima ter a sensação de que será fácil conseguir uma contratação.

Também há casos de cursos para recepcionistas, cuidadores de idosos e outras vagas, porém os cursos que os golpistas enviam não são certificados pelo MEC, muito menos a pertencem a instituição de ensino que dizem representar.

Em um caso recente em grupos de emprego no Facebook, um anúncio oferecia 25 vagas de repositores de estoque em um supermercado famoso. Uma outra tinha 36 vagas para auxiliar de obra. A primeira fez várias vítimas, pois a anunciante alegava que o candidato teria de pagar uma taxa de um curso de treinamento, onde aprenderiam a montar as prateleiras, checar datas de vencimento, fazer controle de estoque e outras coisas necessárias para a função. Uma das vítimas relatou que ao questionar o motivo de precisarem pagar pelo curso ao invés da empresa prover, o anunciante disse que era devido a ele ainda não ser empregado e precisar disso para entrar para a função, além de que isso seria um engrandecimento para ele mesmo. Esse treinamento custava R$ 100 e nenhum dos candidatos que relataram ter pagado esse valor chegaram a realizar o treinamento ou foram contratados.

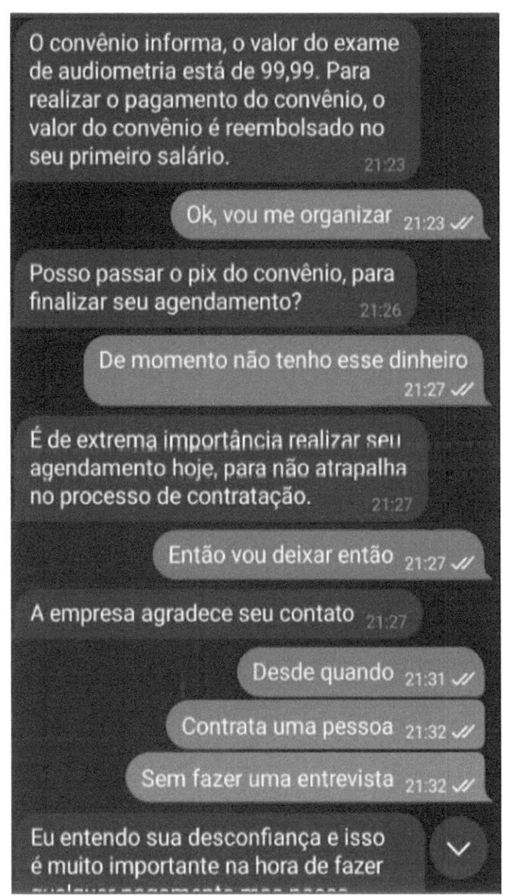

Anunciante cobrando o valor de quase R$ 100 da vítima para exame em promessa falsa de emprego (Imagem: Internet)

No outro caso, para auxiliar de obra, o anunciante alegava a necessidade de um exame de saúde para poder ser contratado, pois o serviço exige uma certa intensidade física. A resposta aos questionamentos de porque a empresa não pagaria foram parecidas com o caso do treinamento. O motivo era que o exame era para própria saúde do candidato, então ele devia arcar com essas despesas, pois se não passasse também a empresa perderia dinheiro. O valor cobrado dos candidatos pelo exame foi de R$ 150. Nesse caso também nenhum dos candidatos que efetuou o pagamento chegou a realizar exame ou ser contratado.

Em ambos os relatos muitas das vítimas diziam que, apesar do pequeno valor, o dinheiro era muito importante para elas, devido ao fato de estarem sem uma renda fixa mensal. O que é bem triste, pois foi possível ver que em inúmeros casos nesse manual, o golpista explora pessoas em situações de vulnerabilidade.

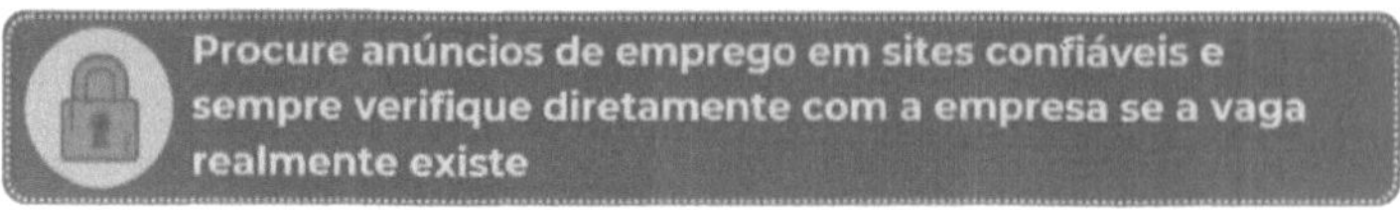

Quando o candidato diz que já tem o curso para a profissão desejada, o anunciante da vaga solicita o certificado e depois de analisar diz que o certificado não vale e inventa uma desculpa, indicando um outro curso que ela poderá fazer para validar o certificado e não perder a vaga.

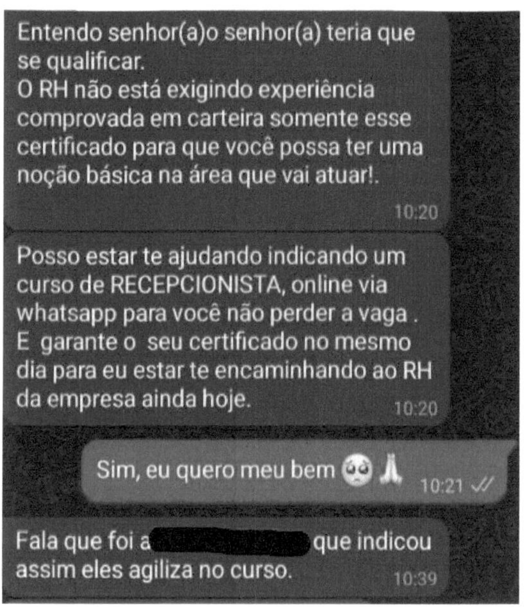

Golpista informa a vítima que o candidato precisa de uma qualificação específica (Imagem: Internet)

Em outro relato, uma oferta absurda por parte dos golpistas, em uma mensagem enviada as possíveis vítimas, uma oferta de emprego que oferecia a bagatela de R$ 5 mil reais por dia, porém o mais impressionante não era nem o valor da oferta diária, mas sim a recompensa de R$ 12 caso você adicionasse o contato do gerente.

Parece incoerente oferecer um bônus de R$ 12 para um emprego que supostamente pagaria R$ 5 mil por dia. Quando a vítima entrou em contato para entender mais sobre a proposta, foi solicitado o cadastro em um link de um site desconhecido. A vítima consultou ajuda e foi instruída a não dar suas informações em um site desconhecido para uma oferta milagrosa de emprego, bloqueando assim o número que iniciou o contato.

Parabéns, você foi selecionado
como um trabalho de meio
período online, 5000BRL por
dia, entre em contato comigo
Whatsapp Link :https://wa.me/

Whatsapp

Adicione um gerente e ganhe
uma recompensa de 12 reais

Oferta falsa de emprego enviada a possíveis vítimas do Golpe do Falso Emprego (Imagem: Internet)

Os relatos vão desde vítimas que perderam apenas R$ 50 ou R$ 100, até vítimas que perderam grandes quantias, que tem uma árdua e longa batalha pela frente para tentar reaver o dinheiro, o que acaba sendo difícil devido a forma que os golpistas movimentam o dinheiro em contas de laranja e efetuam grandes saques para tirar o dinheiro para fora do sistema bancário, evitando assim o congelamento e estorno desses valores para as contas das vítimas.

Perdi quase 30 mil nessa coisa, estou com um advogado avaliando minha situação, foi o único que deu atenção ao meu caso e me animou um pouco com o retorno que deu.

Vítima que perdeu quase R$ 30 mil e está atrás de reparação (Imagem: Internet)

Mas como esse golpe funciona? Eles pedem para você realizar um cadastro em uma plataforma e informam que é para compra e venda de produtos virtuais, não havendo qualquer entrega de produtos, apenas para a promoção e criação de um falso movimento para o marketplace em questão, para isso a plataforma gera algumas tarefas de compra de produtos que o usuário tem que fazer para liberar seu ganho. Em um dos numerosos relatos, um usuário depositou R$ 50, conseguiu um saldo de quase R$ 100 na plataforma realizando as tarefas, porém a plataforma é estruturada de uma forma que se você quer continuar aumentando o lucro, você tem que continuar depositando dinheiro para cumprir as tarefas e ficar com o saldo cada vez maior. Foi nessa operação de concluir tarefas e aumentar o saldo que a vítima foi depositando, após realizar um depósito de R$ 600 ficou com mais de R$ 1200 em saldo, depois realizou mais tarefas com um valor ainda maior, depositando no total certa de R$ 8 mil reais na plataforma e ficando com um saldo de R$ 11 mil reais. Depois de solicitar um saque de R$ 9000 para repor o saldo de sua conta e o cheque especial que ele utilizou de empréstimo para depositar o valor, ele foi informado de que o saque demoraria 72 horas. Porém depois de 8 dias e muitas tentativas de contato com a plataforma, ainda não havia recebido o dinheiro.

Achei estranho ter que fazer vários depósitos mas quando dei conta meu dinheiro ficou trancado

Relato de vítima informando das solicitações de depósito e de dinheiro travado na plataforma (Imagem: Internet)

Outras vítimas relatam diversas perdas na plataforma, como pessoas que pegaram R$ 5 mil no cheque especial, outro que fez mais de R$ 6 mil reais em transferências Pix, outra vítima relata que havia depositado R$ 2 mil reais e teria R$ 4 mil de saldo que estavam bloqueados por trás de mais tarefas que precisavam de mais dinheiro. A vítima também informa que hoje sente que deveria ter parado e considerado os R$ 2 mil como perdido, porém na esperança de recuperação desse valor, continuou depositando e desbloqueando as tarefas para a liberação do saldo, porém ao chegar em R$ 9 mil reais depositados percebeu que aquilo era um poço sem fundo e que ele nunca recuperaria o dinheiro depositado.

Infelizmente cai em uma outra plataforma mas com esses mesmos princípios e perdi 8.500,00, alias fica um valor dobrado na plataforma para terminar as tarefas portanto o valor e altíssimo. e Agora não sei o que fazer preciso desse dinheiro de volta.

Relato de vítima que perdeu R$ 8,5 mil reais (Imagem: Internet)

COMO SE PROTEGER DO GOLPE DO FALSO EMPREGO

Proteger-se do golpe do falso emprego requer cautela e atenção ao procurar oportunidades de trabalho online. Aqui estão algumas dicas importantes para evitar cair nesse tipo de golpe:

1. Antes de se candidatar a qualquer vaga, pesquise a empresa para garantir que ela seja legítima. Verifique o site oficial, presença nas redes sociais, avaliações de funcionários e histórico. Desconfie de empresas que não têm uma presença online consistente;
2. Se a oferta de emprego parece boa demais para ser verdade, provavelmente é. Fique atento a promessas de salários muito altos, benefícios excepcionais ou oportunidades de crescimento excessivamente rápidas;
3. Um sinal de alerta é quando a empresa exige que você pague taxas ou realize investimentos antes mesmo de começar a trabalhar. Empregadores legítimos não pedem dinheiro adiantado para contratação;
4. Golpistas muitas vezes evitam entrevistas presenciais ou por vídeo. Se a empresa se recusar a realizar uma entrevista face a face ou por videoconferência, desconfie;
5. Preste atenção ao endereço de e-mail do recrutador ou empregador. Se o endereço de e-mail parecer genérico ou suspeito (por exemplo, um e-mail gratuito), verifique sua autenticidade;
6. Fique alerta para mensagens e e-mails com erros gramaticais, ortográficos ou com linguagem inadequada. Isso pode indicar que a oferta de emprego é fraudulenta;
7. Evite fornecer informações pessoais sensíveis, como números de documentos, números de seguro social ou informações bancárias, a menos que tenha certeza da legitimidade do empregador;
8. Use sites de busca de emprego confiáveis, como LinkedIn, Glassdoor, Indeed ou sites de empresas respeitáveis. Evite usar sites desconhecidos ou não verificados;
9. Peça referências e verifique os contatos fornecidos pela empresa. Golpistas podem usar referências falsas ou não responder a perguntas sobre o emprego;

10. Confie em seu instinto. Se algo parecer suspeito ou não se sentir certo, é melhor recusar a oferta ou buscar mais informações.

Lembre-se de que, no mundo digital, é importante manter a cautela e estar atento a sinais de alerta. Golpistas são criativos e podem se passar por empregadores legítimos. Tomando medidas preventivas e realizando uma pesquisa diligente, você pode evitar o golpe do falso emprego e proteger-se de possíveis fraudes.

GOLPE DA OLX/ML

COMO FUNCIONA?

Imagine um cenário: você está precisando de dinheiro, decide vender um notebook antigo que não utiliza mais, porém ainda vale algum dinheiro. Você anuncia em algum site de listagem, como OLX, Mercado Livre, Ebay. Depois da listagem, uma pessoa aparece interessada e solicita seu e-mail para efetuar o pagamento. Ao repassar o e-mail, você recebe uma mensagem no seu e-mail informando que o pagamento foi realizado. O comprador combina com você de recolher o produto e manda um motorista de aplicativo ou motoboy para recolher o produto. Você entrega e então vai procurar como sacar o seu dinheiro da plataforma, quando você percebe que caiu num golpe e não existe nenhum dinheiro transferido no seu nome!

O comércio eletrônico revolucionou a maneira como compramos e vendemos produtos, tornando mais fácil do que nunca encontrar itens desejados e alcançar potenciais compradores. Entre as diversas plataformas de venda online, a OLX ganhou destaque como uma das maiores e mais populares do mundo, permitindo que pessoas de todos os lugares negociem itens usados e novos. No entanto, assim como em qualquer mercado, sempre há aqueles que buscam tirar vantagem de outros de maneira desonesta, e é nesse contexto que surge o Golpe da OLX.

Tudo começa quando um golpista, navegando pela OLX ou outro site de listagem de vendas, em busca de anúncios de produtos à venda, encontra um item de interesse. Pode ser qualquer coisa, desde eletrônicos e eletrodomésticos até veículos e itens de colecionador. O golpista, ao encontrar um anúncio que lhe pareça atraente, entra em contato com o vendedor, demonstrando grande interesse em adquirir o produto.

Após algum tempo de negociação, o golpista convence o vendedor a aceitar sua oferta e pede o e-mail do vendedor para efetuar o pagamento. O próximo passo é onde a artimanha começa a se desenrolar. O golpista envia ao vendedor um e-mail falso que parece ser de um serviço de pagamento ou instituição financeira reconhecida, notificando o vendedor de que o pagamento foi efetuado com sucesso. Esses e-mails falsificados muitas vezes contêm logotipos e informações que parecem autênticas, enganando o vendedor a acreditar que o dinheiro está a caminho.

Com o vendedor acreditando que recebeu o pagamento, o golpista pressiona por uma entrega imediata. Ele insiste em que um motoboy ou motorista de aplicativo seja enviado para retirar o produto o mais rápido possível, muitas vezes alegando urgência. O vendedor, confiante de que já recebeu o dinheiro, entrega o item sem hesitar.

O momento de verdade ocorre quando o vendedor verifica sua conta e percebe que o pagamento nunca foi efetuado. O recibo de pagamento online não passava de uma farsa habilmente executada pelo golpista. Nesse ponto, o vendedor percebe que caiu em um golpe e que o produto foi entregue de graça ao golpista.

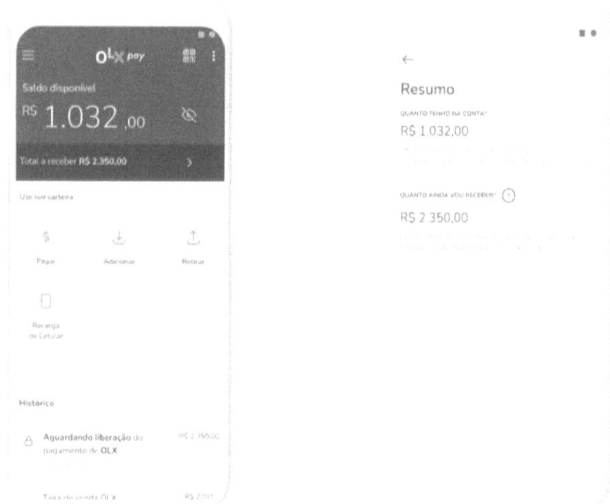

A OLX indica em seu site para sempre verificar o saldo diretamente no aplicativo (Imagem: OLX)

Em um relato noticiado em um portal de notícias, uma aposentada de 72 anos da cidade de Ferraz de Vasconcelos, perdeu um Ipad no valor de

R$ 1720 e R$ 348 de sua conta bancária. Através dos anúncios, os golpistas entraram em contato com ela se passando por funcionários do site e além de solicitarem informações da idosa, também enviaram e-mails falsos para ela e tentaram invadir sua conta bancária. A golpista entrou em contato com ela demonstrando interesse no produto logo após que o Ipad foi anunciado. Segundo relato da idosa, "Ela se apresentou como Luisa, falou estar interessada no Ipad e que pagaria a vista no cartão de crédito. Ela falou que tinha uma conta na OLX Pay e que isso a possibilitava de fazer o pagamento via cartão de crédito para a OLX, e que depois a empresa era quem tinha de me pagar nessa modalidade.". Quando a golpista informou que efetuou o pagamento a idosa, ela recebeu um e-mail falso em nome da OLX que além de informar que o pagamento havia sido realizado, ainda solicitava fotos de documentos e dados bancários da idosa, alegando serem utilizados para a liberação do dinheiro.

Depois do envio do e-mail, a golpista convenceu a idosa a comparecer imediatamente a uma agência dos Correios e fazer o envio do produto por uma modalidade de entrega rápida, fazendo a idosa gastar R$ 120 em frete. A aposentada acreditando ter concretizado a venda, retornou para sua residência e recebeu um novo e-mail dos golpistas, dessa vez solicitando o pagamento de R$ 420 reais, que a idosa recusou a enviar, porém os golpistas ainda a ludibriaram a enviar a quantia de R$ 248 via Pix.

A idosa, triste com o ocorrido comentou que gostaria de alertar as pessoas, pois se sentia muito desvalida, pois achava que tinha o conhecimento para evitar cair em um golpe e mesmo assim por um descuido acaba quase perdendo tudo que conquistou.

Como fazer para que a OlxPay desbloqueie seus valores?

Você terá que fazer o envio do produto por correio (SEDEX) e fornecer o código de rastreio do o comprador, onde ele registrará esse código no sistema da OlxPay e o mesmo por sua vez ira te foi feito o registro do código junto ao site da OlxPay

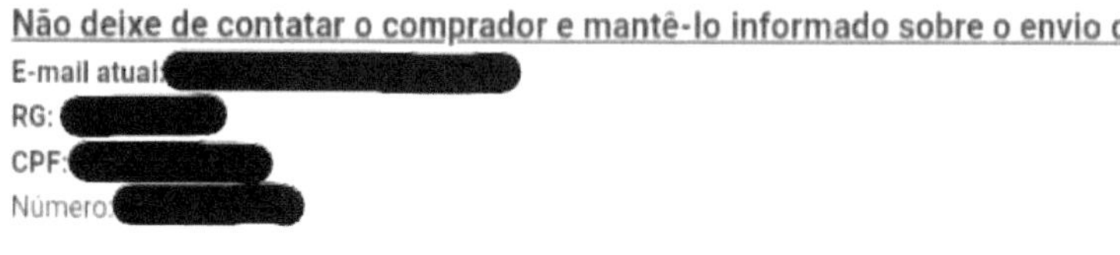

Não deixe de contatar o comprador e mantê-lo informado sobre o envio (

E-mail atual:

RG:

CPF:

Número:

Comunicado importante.

Solicitamos que o anúncio seja pausado, até que o processo seja finalizado.

Dados do envio ao destinatário.

Não há restrições de entrega para o trecho informado.

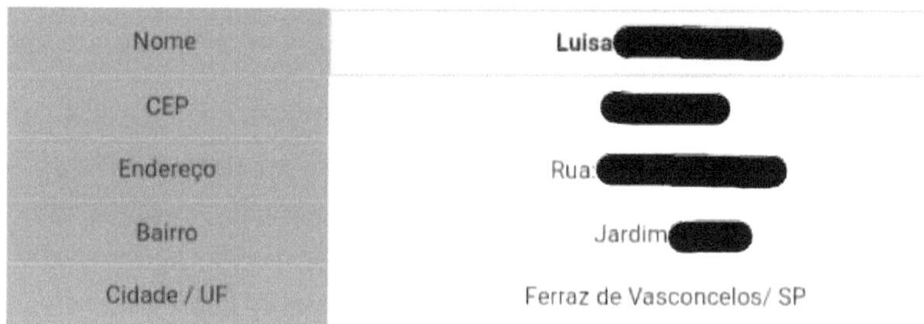

Nome	Luisa
CEP	
Endereço	Rua:
Bairro	Jardim
Cidade / UF	Ferraz de Vasconcelos/ SP

Pagamento com Cartão de Crédito!

VISA terminado em	*********31
Validade:	10/
Produto:	R$ 1.6
Valor do envio	R$ 120.
Total:	1 Parcela R$ 1.7

Cópia do e-mail enviado a idosa, os dados da golpista foram censurados pois podem ser de outras pessoas lesadas por golpe. (Imagem: Reprodução)

É importante, antes de realizar qualquer transação de compra e venda em uma plataforma, verificar quais são as dicas dentro da plataforma, elas sempre informam para nunca levar a negociação para fora da plataforma, para evitar casos como esse.

Em um outro golpe na plataforma Mercado Livre, os golpistas também executam da mesma estratégia de solicitarem dados do vendedor antes de efetuarem o pagamento, com isso eles enviam uma série de e-mails falsos em nome do Mercado Livre, para tentar obter mais informações sobre o vendedor, para com isso aplicarem outros golpes, e para tentar enganar o vendedor a achar que recebeu qualquer tipo de pagamento e liberar a entrega da mercadoria.

Em e-mails legítimos, o domínio do site oficial está sempre disponível após o @ do endereço.

Ofertas exclusivas para quem comprou Kit De

Mercado Livre <comunicacoes@r.mercadolivre.com.br>
para mim ▾

E-mail vindo de uma fonte legítima do Mercado Livre (Imagem: Arquivo pessoal)

Sempre tome cuidado ao efetuar qualquer tipo de compra ou venda online, sempre aja com cautela e conheça como a plataforma funciona, ou solicite para alguém de confiança que conhece. Quando se deparar com algo inesperado, um pedido diferente, pare e analise a situação, se necessário se exponha com pessoas próximas e de confiança que podem te ajudar a analisar se aquela situação é ou não um golpe.

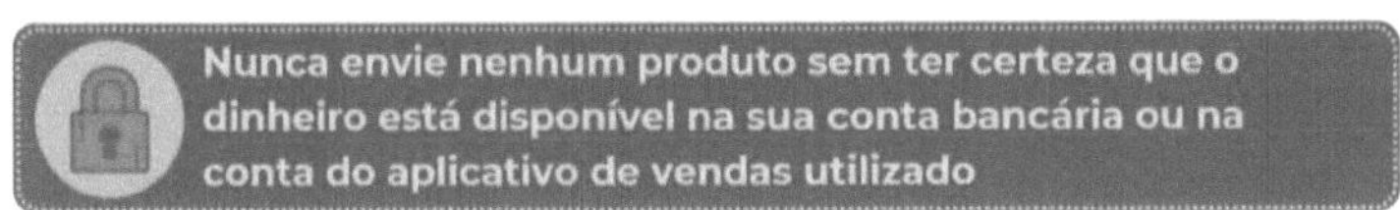

Vale ressaltar também que as empresas mencionadas, como OLX, Mercado Livre e eBay, não tem nenhuma participação nesse golpe, os golpistas apenas utilizam de suas plataformas para executarem esse tipo de fraude de pagamento, por isso o nome ficou popularmente conhecido com o nome da plataforma.

COMO SE PROTEGER DO GOLPE DA OLX/ML

O Golpe da OLX é uma cilada traiçoeira que pode pegar até mesmo os vendedores mais experientes de surpresa. No entanto, com a devida atenção e precaução, você pode se proteger contra esse tipo de fraude online. Aqui estão algumas dicas cruciais para evitar se tornar uma vítima do Golpe da OLX:

1. Fique atento a compradores que parecem excessivamente ansiosos para concluir a transação rapidamente. Golpistas muitas vezes tentarão pressioná-lo a fazer a entrega o mais rápido possível;
2. Desconfie de qualquer tentativa de tirar a negociação de dentro da plataforma, geralmente os golpistas fazem essa solicitação para terem mais liberdades e meios de enganar o vendedor, uma vez que os chats dessas plataformas são limitados para evitar esse tipo de ação;
3. Esteja atento a e-mails que pareçam falsificados ou que não correspondam a instituições financeiras reconhecidas. Não confirme a entrega do produto até ter certeza de que o dinheiro está em sua conta;
4. Antes de entregar o produto, verifique sua conta bancária ou sistema de pagamento para garantir que o pagamento tenha sido efetuado com sucesso. Não confie apenas em e-mails ou comprovantes enviados pelo comprador;
5. Sempre mantenha registros de todas as comunicações e transações com o comprador, incluindo mensagens, e-mails e comprovantes de pagamento;
6. Se você suspeitar de qualquer atividade fraudulenta, relate-a imediatamente à plataforma de vendas e às autoridades competentes;
7. Evite entregar o produto imediatamente após a suposta confirmação de pagamento. Aguarde até ter certeza de que os fundos foram recebidos em sua conta;
8. Verifique o perfil e histórico do comprador na plataforma de vendas. Compradores novos ou com histórico suspeito podem requerer precauções extras;
9. Lembre-se de que a pressa e a ingenuidade são aliadas dos golpistas. Nunca subestime a importância da cautela e da verificação cuidadosa em todas as suas transações online.

Ao seguir essas dicas e permanecer alerta, você pode reduzir significativamente o risco de se tornar vítima desse golpe ou de golpes semelhantes em plataformas de venda online. Sua segurança e tranquilidade são prioridades, então não hesite em tomar medidas extras para garantir uma transação segura e bem-sucedida.

GOLPE DO URUBU DO PIX

COMO FUNCIONA?

Imagine um cenário: você encontra um anúncio num grupo de rede social ou recebe uma mensagem de um desconhecido, ou até mesmo de um amigo. A mensagem informa sobre uma possível forma de investimento de retorno rápido: enviar um Pix para um número e receber o dobro de volta. Parece o mundo dos sonhos né? E é! Para o golpista.

Nos últimos tempos, as redes sociais têm sido inundadas por anúncios tentadores que prometem ganhos milagrosos por meio do Pix, o sistema de pagamento instantâneo brasileiro. Esse golpe, conhecido como "Golpe do Urubu do Pix," atrai a atenção de pessoas em busca de oportunidades financeiras fáceis, oferecendo retornos extraordinários em um curto espaço de tempo. Entretanto, é essencial entender que essa é uma armadilha que tem deixado muitas vítimas no rastro de perdas financeiras.

Tabelas com ganhos atrativos são divulgadas em redes sociais (Imagem: Instagram)

A premissa básica do Golpe do Urubu do Pix é bastante simples: o golpista alega ter descoberto uma falha ou brecha no sistema do Pix que permite multiplicar o valor enviado. Eles prometem, muitas vezes, retornar o dobro ou até mesmo o triplo do dinheiro que você envia, como se fossem seres caridosos que multiplicam qualquer quantia depositada para eles.

O problema crucial aqui é a falta de coerência nessa narrativa. Se realmente fosse possível multiplicar dinheiro dessa maneira, por que o anunciante compartilharia essa informação em vez de enriquecer por conta própria? Essa é a primeira incoerência que deve acender um alerta em sua mente. Se algo parece bom demais para ser verdade, geralmente não é.

Não acredite em sistemas milagrosos para enriquecer ou duplicar dinheiro. Não envie qualquer valor em troca de promessas ou ganhos significativos

Além disso, qualquer esquema que peça que você envie dinheiro adiantado com a promessa de retornos garantidos é altamente suspeito. Golpistas usam táticas de persuasão e pressão para fazer com que as pessoas depositem dinheiro sem pensar duas vezes, e uma vez que o dinheiro foi enviado, ele desaparece, e você fica com um prejuízo considerável.

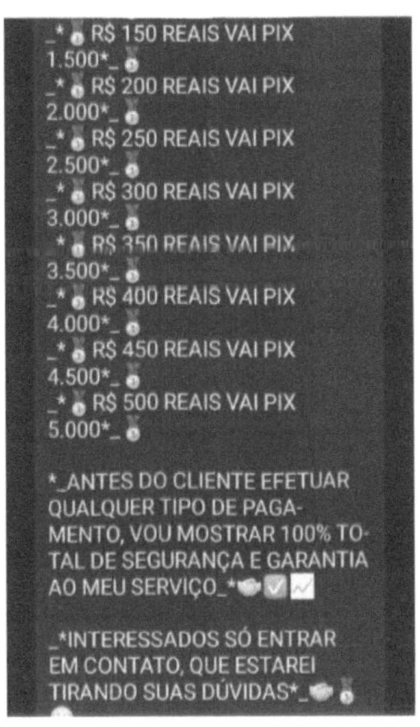

Uma das mensagens que circulam prometem ganhos de até 10 vezes o valor enviado (Imagem: Arquivo pessoal)

Os golpistas costumam utilizar as redes sociais de pessoas cujo acesso foi roubado para dar mais credibilidade às suas promessas enganosas. Ao se passarem por conhecidos da vítima, seja através de mensagens diretas ou publicações em perfis comprometidos, eles conseguem aumentar suas chances de sucesso. Essa estratégia visa a confundir potenciais vítimas, tornando o golpe ainda mais convincente ao explorar a confiança mútua existente entre amigos e familiares. Portanto, mesmo que uma oferta pareça vir de alguém que você conhece, mantenha a vigilância e não caia na armadilha, verificando sempre a autenticidade das informações antes de tomar qualquer ação financeira.

Golpe publicado em redes sociais (Imagem: Arquivo pessoal)

Muitos golpes se aproveitam de temas em alta na época para atrair vítimas desavisadas. Eles podem explorar tópicos como criptomoedas, restituições de imposto de renda, saques de FGTS, promoções de produtos populares ou notícias atuais para criar uma sensação de urgência e credibilidade. É importante estar sempre atento a ofertas ou propostas que pareçam muito boas para ser verdade, especialmente quando envolvem assuntos em destaque, e verificar cuidadosamente a autenticidade dessas informações antes de tomar qualquer decisão. O ceticismo e a pesquisa são aliados essenciais na prevenção de golpes que tentam capitalizar sobre tendências momentâneas.

Não acredite em qualquer texto adicionado junto a esses golpes que diga que o esquema é seguro, inovador, ou que é aprovado pelos órgãos reguladores. Esses textos são adicionados para desarmar a vítima, ao ver esse tipo de texto junto aos anúncios muitas vítimas acreditam na veracidade do golpe.

COMO SE PROTEGER DO GOLPE DO URUBU DO PIX

Proteger-se contra o Golpe do Urubu do Pix e outras tentativas de fraude virtual é de extrema importância para salvaguardar sua segurança financeira. Aqui estão algumas dicas importantes para ajudá-lo a se prevenir e se proteger contra esse tipo de golpe:

1. Fique atento a anúncios ou mensagens que prometem ganhos extraordinários ou retornos financeiros rápidos e sem esforço;
2. Antes de confiar em qualquer oferta, verifique a fonte. Pergunte-se se o remetente ou anunciante é uma pessoa ou empresa confiável e faça pesquisas adicionais, se necessário;
3. Não compartilhe informações pessoais ou bancárias com estranhos online. Lembre-se de que bancos e instituições financeiras legítimas nunca pedirão sua senha ou dados confidenciais por e-mail ou mensagens de texto;
4. Se você receber mensagens suspeitas de amigos ou familiares em redes sociais, verifique a autenticidade da conta, preferencialmente em outra plataforma ou através de uma ligação telefônica, antes de agir com base no conteúdo da mensagem;
5. Não clique em links de origem duvidosa, especialmente se forem enviados por e-mail ou mensagem de texto. Esses links podem direcioná-lo para sites falsos projetados para roubar suas informações;
6. Mantenha-se atualizado sobre as táticas de golpistas e os golpes mais recentes. Quanto mais você souber sobre as ameaças online, melhor preparado estará para se proteger;
7. Se você suspeitar de fraude ou receber mensagens suspeitas, denuncie o incidente às autoridades locais, à sua instituição financeira e a plataformas de redes sociais, para que possam tomar medidas adequadas.

Lembre-se de que a vigilância constante e o bom senso são suas melhores armas contra o Golpe do Urubu do Pix e outras tentativas de fraude online. Mantenha-se informado e seja cauteloso ao compartilhar informações financeiras ou pessoais na internet.

GOLPE DO ROUBO DE INSTAGRAM

COMO FUNCIONA?

Imagine um cenário: você está navegando pelo Instagram e se depara com um perfil que promete a chance de ganhar uma quantia considerável de dinheiro em um sorteio. Empolgado com a ideia de obter uma renda extra ou algum prêmio valioso, você decide participar do sorteio seguindo as regras estipuladas pelo dono do perfil.

Geralmente, essas regras envolvem ações como seguir o perfil, marcar amigos nos comentários, compartilhar a postagem do sorteio em sua história e, em alguns casos, enviar uma mensagem direta para o perfil responsável pela promoção. Com a esperança de ser o grande vencedor, você segue todas as instruções cuidadosamente.

No entanto, assim que você segue as instruções fornecidas, algo nefasto acontece. O proprietário do perfil mal-intencionado começa a explorar as informações fornecidas por você, como seu nome de usuário, e-mail, número de contato e outras informações para assim eles assumirem o controle de sua conta do Instagram, alterando senhas e detalhes de recuperação, efetivamente sequestrando sua conta.

Uma vez que os golpistas têm controle sobre sua conta, eles podem realizar diversas atividades prejudiciais, como espalhar mensagens falsas em seu nome, enviar spam para seus seguidores, acessar informações pessoais e até mesmo extorquir dinheiro de você ou de seus contatos. Além disso, o acesso à sua conta pode ser usado para promover ainda mais golpes, prejudicando sua reputação online e a de seus seguidores.

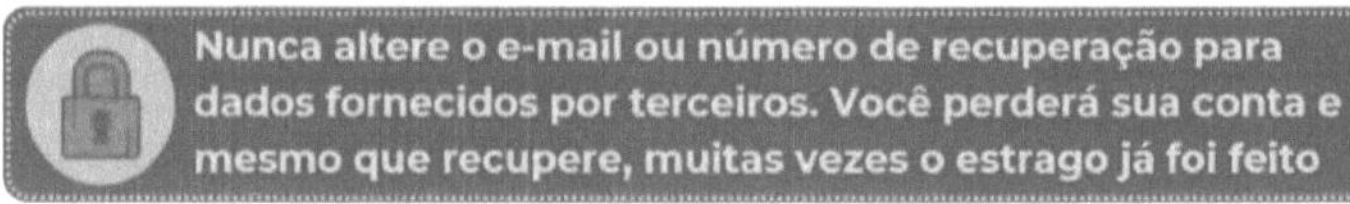

Muitos usuários da rede social Instagram já foram vítimas desse tipo de golpe, que utiliza atrativas propostas para modelos, promessas de ganhos financeiros, ou a oportunidade de parcerias com marcas e empresas como isca. Ao seguir as instruções dos golpistas, esses usuários acabam fornecendo informações pessoais sensíveis e, muitas vezes, alterando os detalhes de recuperação de suas contas, como número de celular ou e-mail, para os dados falsos solicitados pelos criminosos. Esse erro permite que os golpistas assumam o controle total das contas, prejudicando a vítima e, muitas vezes, disseminando conteúdo malicioso ou enganoso em seu nome. É uma importante lição de que a verificação da autenticidade das propostas online e a proteção cuidadosa de informações pessoais são cruciais para manter a segurança e a integridade de suas contas nas redes sociais.

Outro golpe que geralmente é aplicado depois do Golpe do Roubo de Instagram é o Golpe do Marketplace, onde usarão a conta pessoal da vítima para anunciar mais golpes, abusando da confiança que a vítima construiu durante anos com seus amigos e familiares. É importante estar de olho nessas táticas utilizadas pelos golpistas para evitar prejuízos significantes para você e para seus amigos e familiares, foram registrados casos em que familiares da vítima perderam a economia de uma vida, por confiarem cegamente na solicitação vinda do perfil de uma filha, irmão ou amigo.

Além do Golpe do Roubo de Instagram, há um golpe subsequente que merece atenção já foi explicado no manual: o Golpe do Marketplace. Após assumirem o controle da conta da vítima, os golpistas frequentemente a utilizam para anunciar produtos fictícios ou serviços fraudulentos, aproveitando-se da confiança que essa vítima construiu ao longo de anos com seus amigos e familiares. Esse é um movimento calculado, uma vez que as pessoas tendem a confiar mais em transações realizadas por meio de conhecidos.

Após roubarem o Instagram de um pet shop, os golpistas anunciaram ganhos em investimentos para os amigos e clientes do pet shop (Imagem: Internet)

Infelizmente, essa confiança pode levar a prejuízos significativos, pois os golpistas abusam desse laço de confiança para persuadir familiares e amigos a realizarem compras ou transações financeiras. Em alguns casos, houve relatos de familiares que perderam economias de uma vida inteira, tudo por acreditarem cegamente em solicitações provenientes do perfil de um ente querido. Portanto, é fundamental estar atento a essas táticas usadas pelos golpistas e educar-se sobre como se proteger, a fim de evitar que você e seus entes queridos se tornem vítimas dessas armadilhas virtuais.

COMO SE PROTEGER DO ROUBO DE INSTAGRAM

Proteger-se do Golpe do Roubo de Instagram é essencial para manter sua conta segura e evitar dores de cabeça futuras, tanto para você quanto para seus contatos na rede social. Aqui estão algumas medidas que você pode tomar para se resguardar contra esse tipo de golpe:

1. Utilize senhas complexas e únicas para suas contas. Evite informações pessoais óbvias, como datas de nascimento. Combine letras maiúsculas, minúsculas, números e caracteres especiais;
2. Ative a autenticação de dois fatores na sua conta do Instagram. Isso adiciona uma camada extra de segurança, exigindo um código temporário ou confirmação via aplicativo ou e-mail sempre que alguém tentar acessar sua conta de um dispositivo não reconhecido;
3. Esteja atento a e-mails e mensagens diretas em redes sociais que pareçam suspeitos. Não clique em links de fontes não confiáveis ou que solicitem informações pessoais;
4. O Instagram possui uma função de verificação de identidade. Caso sua conta seja alvo de roubo, isso pode ajudar a recuperá-la mais facilmente;
5. Evite compartilhar informações pessoais, como senhas ou códigos de verificação, com desconhecidos ou sites não confiáveis;
6. Seja crítico em relação a sorteios ou ofertas que pareçam boas demais para ser verdade. Geralmente, são iscas para atrair vítimas;
7. Antes de fornecer informações ou seguir orientações, verifique a autenticidade da fonte. Entre em contato com a pessoa ou empresa através de canais oficiais para confirmar a solicitação;
8. Verifique regularmente a atividade da sua conta para identificar atividades não autorizadas ou suspeitas;
9. Se suspeitar que sua conta foi comprometida, entre em contato com o suporte do Instagram o mais rápido possível para iniciar o processo de recuperação.

Mais à frente você terá um capítulo dedicado para como verificar se suas contas estão seguras e como agir e denunciar no caso de qualquer tipo de atividade suspeita.

ESTÃO TENTANDO ME ENGANAR, O QUE EU FAÇO?

Em um mundo digital cada vez mais interconectado, é natural que nos deparemos com situações suspeitas ou tentativas de engano online. A segurança na internet é uma preocupação válida, e saber como reagir quando você suspeita que está sendo alvo de um golpe é crucial para sua proteção. Este capítulo oferece orientações sobre como agir quando você acredita que está sendo alvo de fraudes, golpes ou atividades enganosas.

A primeira coisa a se fazer é manter a calma quando você suspeitar de uma tentativa de golpe. O pânico pode dificultar a tomada de decisões racionais. Respire fundo e tente analisar a situação objetivamente.

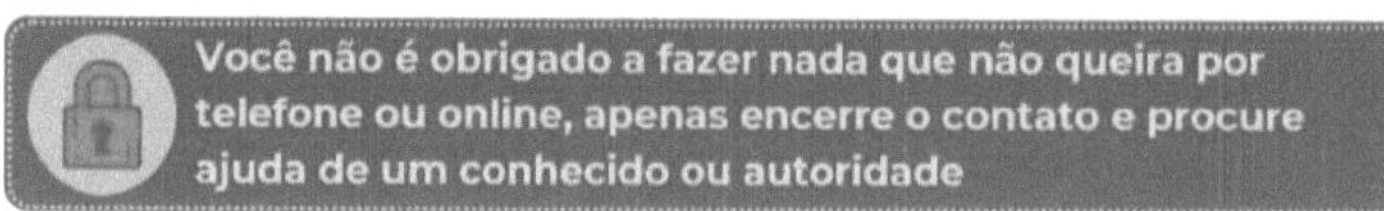

Pergunte a pessoa que entrou em contato por informações que seriam passadas sem problema algum se a ligação fosse legítima, informações de contato detalhadas, como nome completo, endereço, número de telefone e informações comerciais legítimas, como de qual centro de atendimento ela está ligando,

Encerre imediatamente qualquer contato com o golpista, pode inventar uma desculpa como falar que precisa ajudar alguém urgente ou até mesmo dizer que desconfia de um golpe e que vai validar as informações.

Antes de tomar qualquer medida, verifique as informações relevantes. Isso pode incluir pesquisar a empresa, pessoa ou oferta em questão online. Procure avaliações, comentários de outros usuários e informações que possam validar ou refutar suas suspeitas. Entre em contato com a empresa ou pessoa através de canais oficiais, como números de telefone ou sites verificados, em vez de usar os dados fornecidos pela parte suspeita, no capítulo que o manual ensina sobre validação de informações você pode checar melhor como encontrar os canais de comunicação oficiais das empresas.

Evite compartilhar informações pessoais, como senhas, números de cartão de crédito, CPF, ou outros dados confidenciais, a menos que tenha certeza da legitimidade da solicitação.

Se você identificar um perfil, contato, anúncio ou site suspeito, denuncie-o para as autoridades competentes e, se aplicável, para a plataforma ou rede social em que o incidente ocorreu. Assim as autoridades e responsáveis terão mais informações em mãos para poder identificar e conter o esquema dos golpistas. Apesar da dificuldade em identificar os golpistas, há diversas notícias de sucesso da Polícia Civil que investigou e conseguiu encontrar os criminosos por trás de vários golpes e de montantes milionários de prejuízo.

Se você receber um contato suspeito e não souber como proceder, discuta suas preocupações com amigos, familiares ou colegas de confiança. Eles podem oferecer conselhos úteis ou uma perspectiva diferente sobre a situação. Talvez até tenham conhecimento de algo parecido para poder te instruir em como prosseguir em relação a isso.

Após resolver a situação, tome um tempo para refletir sobre o que aconteceu. Considere como você poderia evitar situações semelhantes no futuro e compartilhe suas experiências com outros para ajudar na conscientização. Verifique se não é necessário informar alguém ou algum grupo de pessoas, nos casos em que a tentativa de golpe envolve o golpista se passando por alguém do círculo social ou familiar, ou também se o golpe envolve roubo de conta em redes sociais ou número de celular.

Quanto mais pessoas souberem que um perfil ou número de alguém próximo foi comprometido, menor é a chance de alguém cair na armadilha criada pelo golpista utilizando-se do perfil roubado e mais rápido a informação vai propagar por outros círculos, impedindo muitas outras pessoas de serem enganadas.

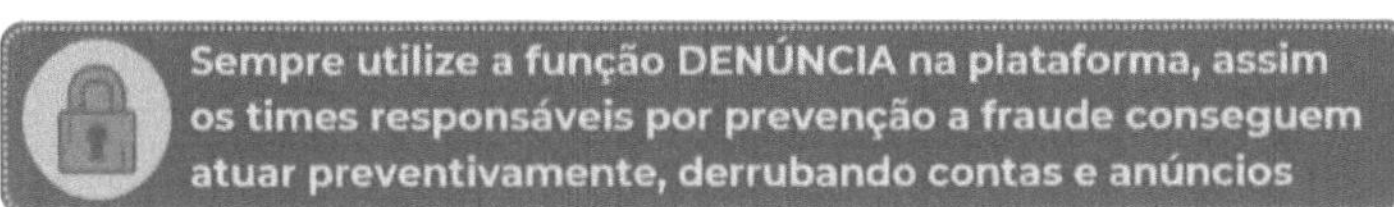

Se você não tem ninguém próximo de confiança a disposição para esclarecer a dúvida, de maneira alguma ceda a pressão do golpista e encerre o contato, ligue imediatamente para a polícia, eles estão disponíveis 24 horas para lhe ajudar. Conte ao policial os detalhes do que está acontecendo, fornecendo detalhes de como o contato se iniciou, o que dizia nas mensagens ou ligação em que você recebeu e se o golpista pediu alguma informação ou transferência. Assim que o policial ouvir os detalhes de sua história, prontamente saberão lhe informar se é uma tentativa de golpe e instruirão você em como proceder, pois recebem muitos desses relatos periodicamente.

Se você recebeu um link de algum desconhecido e não sabe validar do que se trata, não clique ou abra o link, espere por alguém que saiba reconhecer um link malicioso de um link legítimo ou apensar ignore a mensagem. Não arrisque a sua tranquilidade financeira ou o dinheiro das suas contas devido a confiar demais em alguém, pode ficar repetitivo, mas não prossiga com nenhuma ação em que você não tem total noção do que está fazendo, do contrário você estará sujeito a ser vítima de um golpe que nem desconfia.

Caso a tentativa de golpe foi por alguma rede social ou aplicativo de comunicação, sempre utilize a função "Denunciar" dessas plataformas, assim as contas que são comumente associadas a golpe e denunciadas são removidas pelos seus times de prevenção a fraude. Mais à frente há uma seção que explica como denunciar contatos suspeitos em diversas plataformas atuais.

CAI NUM GOLPE! E AGORA?

Ser vítima de um golpe pode ser uma experiência angustiante e perturbadora, mas é importante agir rapidamente e tomar medidas para minimizar os danos. Primeiramente, respire fundo e mantenha a calma. É normal se sentir estressado ou frustrado, mas manter a serenidade ajudará você a lidar melhor com a situação.

Se o golpe acabou de acontecer, registre um boletim de ocorrência e entre em contato com a instituição financeira que você utilizou quando foi vítima do golpe. A partir daqui, registre tudo. Faça um registro detalhado de todas as informações relacionadas ao golpe.

Tente registrar o máximo de detalhes possíveis, como:

- E-mails, números de telefone, nomes e qualquer outra evidência que possa ser útil para identificação dos golpistas;
- Registre as contas para quais você realizou alguma transferência, como contas de banco, chaves Pix, contas de PayPal ou outra plataforma online de pagamento etc. Assim fica mais fácil terem informações para rastrearem onde golpistas recebem fundos e para onde eles vão;
- Guarde as mensagens trocadas e o que o golpista diz nelas, áudios e vídeos enviados pelo golpista também são úteis;
- Se além do golpista, você acha que há algum terceiro envolvido, também registre o maior número de informações que você tem desse terceiro.

Depois de avisar instituição financeira, pegar informações sobre o golpe e registrar um boletim de ocorrência, o que acontece agora?

Se você não entrou em contato, entre em contato com seu banco ou instituição financeira imediatamente. Eles podem ajudar a bloquear ou reverter transações fraudulentas. Nesse caso é aguardar e ver o que o banco consegue fazer. Se o valor for significativo, você pode consultar um advogado para lhe auxiliar.

Se o golpe envolveu o compartilhamento de informações pessoais de amigos ou familiares, avise-os imediatamente para que possam tomar medidas para proteger suas próprias contas e identidades.

Se o golpe envolveu o compartilhamento de informações pessoais, como números de documento, senhas ou dados financeiros, tome medidas para proteger sua identidade. Isso pode incluir a alteração de senhas e o monitoramento de suas contas para atividades suspeitas.

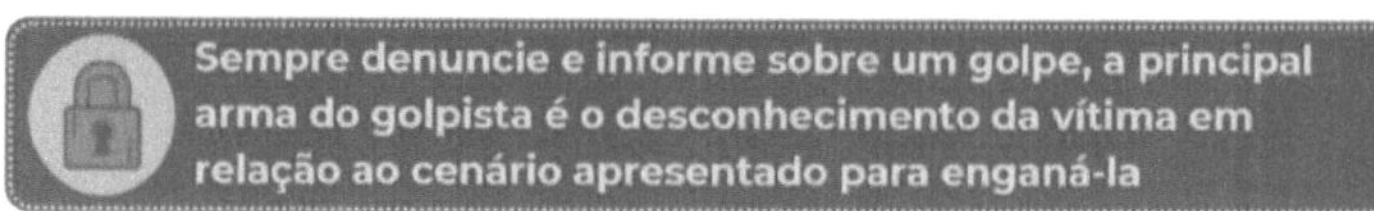

Se você caiu em um golpe em que perdeu o acesso a WhatsApp ou ao seu número de telefone, contate sua operadora ou se dirija a um dos locais de atendimento para bloquear e recuperar seu número.

Dependendo do golpe, pode haver consequências legais. Esteja disposto a colaborar com as autoridades e seguir os procedimentos legais, se necessário. Use essa experiência como uma lição para se proteger de golpes futuros. Fique mais atento a sinais de alerta, seja mais cuidadoso com suas informações pessoais e desconfie de ofertas muito boas para serem verdadeiras.

Lembre-se de que os golpes são crimes e devem ser tratados como tais. Ao denunciar um golpe, você ajuda a proteger não apenas a si mesmo, mas também outras pessoas que podem estar em risco. Fique vigilante e esteja preparado para agir caso se torne vítima de um golpe.

Não tenha vergonha de ter caído em um golpe, não denunciar pode fazer com que mais pessoas fiquem na sua situação, trazendo mais lucro e incentivando ainda mais os golpistas. Se você não caiu num golpe, mas conhece alguém que caiu, não ria ou faça graça da pessoa, podia ser você, a diferença foi o cenário do golpista ou o alvo, mas novamente, podia ser você. Tornar a situação vexatória para a vítima só vai piorar o estado mental em que ela pode estar ou ficar depois de ser lesada em um golpe.

Ser vítima de um golpe pode prejudicar seriamente a saúde mental de alguém. Se você foi vítima de um golpista e isso prejudicou sua saúde mental, se você está enfrentando estresse, ansiedade ou outras emoções negativas, procure ajuda e busque apoio psicólogo ou terapêutico, se abra sobre o problema e seus pensamentos em relação a isso. Lembre-se que a vida sempre continua.

COMO EU POSSO VALIDAR INFORMAÇÕES?

Validar informações recebidas de um golpista é uma etapa crucial para evitar cair em armadilhas. Já vimos que muitos golpistas são habilidosos em criar histórias convincentes e mensagens falsas, tornando essencial a verificação cuidadosa de qualquer informação suspeita. Abaixo estão algumas dicas agrupadas por categoria de como você pode validar informações recebidas de um golpista:

MENSAGENS SUSPEITAS

Se você receber qualquer mensagem ou SMS suspeitos, pode seguir um dos passos abaixo para validar a legitimidade delas.

1. Se a mensagem contiver algum nome de instituição financeira (como Bradesco, Nubank, Itaú, Banco do Brasil etc.) ou loja (como Amazon, Casas Bahia, Fast Shop etc.), utilize os canais de atendimento oficiais da instituição ou empresa para confirmar a legitimidade da mensagem;
2. Evite clicar em links de mensagens de remetentes desconhecidos ou suspeitos. Muitos golpes envolvem links maliciosos que podem infectar seu dispositivo com programas maliciosos;
3. Nunca compartilhe informações pessoais, como senhas, números de cartão de crédito ou dados de conta bancária, em resposta a qualquer mensagem;
4. Golpistas frequentemente usam táticas de urgência para induzi-lo a tomar decisões precipitadas. Se uma mensagem pressionar você a agir imediatamente, seja cético;
5. Se receber uma mensagem informando que você ganhou um prêmio ou dinheiro sem ter participado de um concurso, provavelmente é um golpe;
6. Golpistas muitas vezes cometem erros de gramática e ortografia em suas mensagens. Preste atenção a esses detalhes;
7. Não responda mensagens que você não solicitou ou que prometem algo inacreditável, a história do golpista pode te enrolar e você pode passar alguma informação ou tomar alguma coisa que pode ser prejudicial para você;

8. Se a mensagem solicitar informações pessoais, como senhas ou números de segurança social, é um sinal vermelho. Empresas legítimas não pedem essas informações via WhatsApp ou SMS;
9. Se você tiver dúvidas sobre a veracidade de uma mensagem SMS, faça uma pesquisa online com trechos da mensagem ou detalhes fornecidos. Isso pode revelar se é um golpe conhecido.

Por exemplo, vamos analisar a mensagem a seguir:

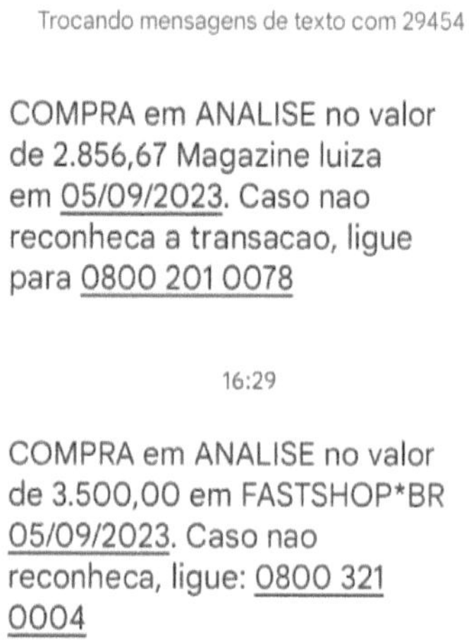

Trocando mensagens de texto com 29454

COMPRA em ANALISE no valor de 2.856,67 Magazine luiza em 05/09/2023. Caso nao reconheca a transacao, ligue para 0800 201 0078

16:29

COMPRA em ANALISE no valor de 3.500,00 em FASTSHOP*BR 05/09/2023. Caso nao reconheca, ligue: 0800 321 0004

Mensagens de golpe enviadas em nome de grandes lojas (Imagem: Internet)

Se analisarmos a mensagem do golpista, podemos notar que há dois nomes de grandes empresas, Magazine Luiza e Fast Shop. Outro dado que podemos tirar dessas mensagens é o número remetente, que é 29454. Além disso, podemos notar dois números 0800 na mensagem. Nesse caso, como saber se a mensagem é verídica?

O primeiro indício de golpe, é que são duas mensagens bem parecidas que. Outro indício é que as mensagens aparentam ser de duas lojas diferentes, com dois números diferentes, porém escritas da mesma maneira e com o mesmo texto.

Nesse caso, se você não efetuou nenhuma compra, não perdeu nenhum cartão ou celular recentemente, você com tranquilidade já pode descartar essas mensagens.

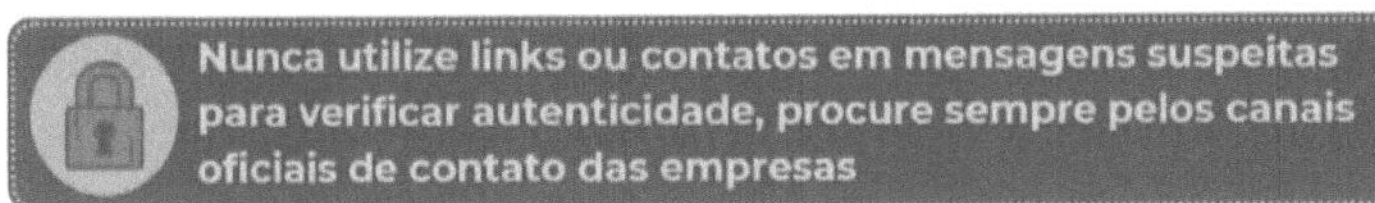

Se nesse ponto você ainda tem algum medo da mensagem ser verídica e você ficar com o prejuízo dessas comprar, ou se perdeu um cartão ou celular e não cancelou/bloqueou os itens. O que você pode fazer nesse caso é pesquisar na Internet pelo número do serviço de atendimento ao consumidor ou ir pessoalmente em um dos lugares representantes dessas empresas e apresentar as mensagens de texto. Se você ligar no SAC ou comparecer em algum estabelecimento das empresas, vão lhe confirmar para ignorar as mensagens pois é um golpe.

No caso exemplificado e em outros casos que você encontrar, jamais utilize os números na mensagem para confirmação de legitimidade, então nessa mensagem, jamais ligue nos dois números 0800 registrados na mensagem e nem responda ao SMS enviado a partir de 29454.

Outra opção para verificar a veracidade é pesquisar em redes sociais ou internet pelo conteúdo da mensagem e os números. No exemplo citado, se você procurar no Google ou em redes sociais por "SMS compra fast shop 0800" ou "mensagem compra análise SMS", você verá diversos casos parecidos em que poderá comparar se a mensagem que você recebeu tem os mesmos elementos que outras mensagens golpistas.

LIGAÇÕES SUSPEITAS

Validar a veracidade de ligações suspeitas é uma medida importante para evitar golpes telefônicos e fraudes. Aqui estão algumas dicas sobre o que evitar e o que checar ao receber ligações suspeitas:

1. Se você receber uma ligação de um número que não reconhece, seja crítico e evite fornecer informações pessoais, como senhas, números de cartão de crédito ou dados de conta bancária, por telefone antes de validar com 100% de certeza que a ligação é legítima;
2. Se alguém lhe pedir para confirmar informações pessoais, mesmo que já tenham parte delas, seja cauteloso. Os golpistas muitas vezes tentam obter mais detalhes de suas vítimas;

3. Golpistas frequentemente usam táticas de pressão emocional para induzi-lo a agir rapidamente. Se alguém lhe pedir para tomar uma decisão imediata por telefone, esteja ciente disso;
4. Pergunte o nome e a empresa ou organização de quem está ligando, verifique e anote o número que o suspeito está te ligando e encerre a ligação;
5. Faça uma rápida pesquisa online usando o nome da empresa ou organização e o número de telefone com palavras-chave como "golpe, suspeito", isso pode revelar se outras pessoas relatam a mesma ligação como suspeita ou golpe;
6. Se você receber uma ligação de alguém que afirma ser de uma empresa ou organização, não use o número fornecido na ligação para retornar a chamada. Em vez disso, procure o número de telefone oficial da empresa ou organização e ligue diretamente para eles para verificar a autenticidade da ligação;
7. Às vezes, compartilhar informações sobre a ligação suspeita com amigos ou familiares pode ajudar a obter opiniões e verificar a autenticidade;
8. Se ainda continuar em dúvida, ligue para a polícia e informe a história suspeita da ligação ou mensagem e os números de contato que você anotou do possível golpista.

Lembre-se de que é melhor ser cauteloso e verificar a legitimidade de uma ligação suspeita do que correr o risco de cair em um golpe ou fornecer informações pessoais a criminosos. A vigilância e o bom senso são cruciais ao lidar com chamadas telefônicas suspeitas.

VALIDANDO SITES E LOJAS

Se você tem dificuldade para saber se um site ou uma loja online é o site real da empresa, nessa categoria estão dicas para você saber reconhecer detalhes que podem entregar uma loja ou site falso.

Validar a autenticidade de sites e lojas online é fundamental para evitar cair em golpes ou compartilhar informações pessoais com sites fraudulentos. Aqui estão algumas dicas para verificar a autenticidade de um site ou loja online:

Confira o endereço do site (URL). Sites legítimos geralmente têm URLs simples e relacionados ao nome da empresa ou organização. Fique atento a URLs com erros ortográficos, caracteres estranhos ou extensões suspeitas.

Em um golpe recente, os golpistas criaram um site imitando o site do banco Itaú, porém era possível notar na barra de endereços que o domínio era falso e era itaucardfaturadigital.app.

Domínio falso tentando se passar por site do Itaú (Imagem: Internet)

Se você pesquisar na Internet ou verificar pessoalmente no banco, verificará que o domínio oficial do banco é na verdade itau.com.br, bem diferente do domínio do site falso, sempre verifique se o domínio é o oficial da empresa ou organização que você está acessando.

Domínio real do site do Itaú (Imagem: Internet)

Se você buscou pelo site oficial e ainda tem dúvidas da autenticidade do domínio em que você está, clique no cadeado que fica à esquerda do endereço do site que você entrou. Ao acessar esse menu e escolher a opção sobre ligação segura, os dados do certificado emitido para o endereço serão exibidos.

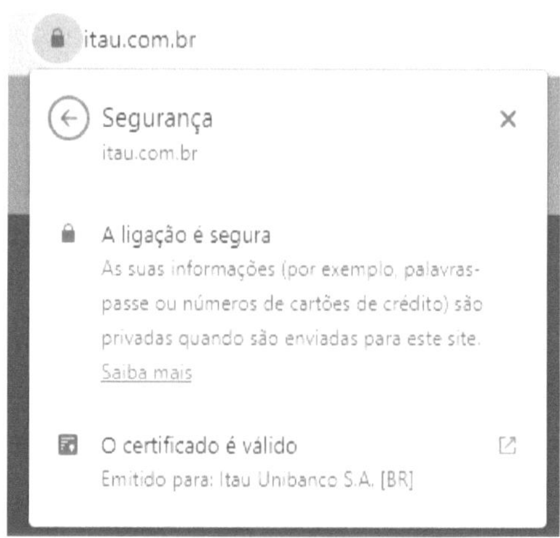

Certificado de segurança do domínio oficial (Imagem: Internet)

Nesse caso conseguimos verificar que o certificado de segurança foi emitido realmente para itau.com.br e que ele é válido. O menu também indica para quem o certificado foi omitido, onde podemos verificar Itaú Unibanco S.A [BR].

Procure por informações de contato, como endereço físico, número de telefone e endereço de e-mail. Sites legítimos geralmente têm essas informações disponíveis. Sinais de alerta incluem erros gramaticais ou ortográficos, páginas mal projetadas, logotipos distorcidos e falta de informações detalhadas sobre produtos ou serviços.

Verifique se o site possui uma política de privacidade clara e transparente que descreve como as informações dos usuários são coletadas, usadas e protegidas. Entre em contato com o suporte ao cliente ou o serviço de atendimento ao consumidor do site. Pergunte sobre produtos, políticas de devolução ou qualquer outra dúvida que você possa ter. A resposta da empresa pode ajudar a avaliar sua legitimidade. Se você não recebeu uma resposta que dá profissionalidade ao negócio, já abandone logo de cara, não arrisque um prejuízo financeiro grande para não perder uma oportunidade.

Geralmente esses sites falsos colocam um contador quando você entra no site. Para trazer o senso de urgência, que já vimos estar presente em vários golpes. Se você entrar em algum site suspeito e verificar que há um contador te dando alguns minutos para comprar e finalizar aquela transação ou você perderá a promoção, abandone também, não arrisque.

Existem serviços online que podem ajudar a verificar a autenticidade de um site. Um exemplo é o Google Safe Browsing. Fique sempre atento a mensagens de alerta exibidas por funcionalidades de segurança dos navegadores. A qualquer sinal de suspeita feche o site, se você desconfia que realizou algo que não deveria, contate um profissional de segurança da informação ou uma pessoa de confiança.

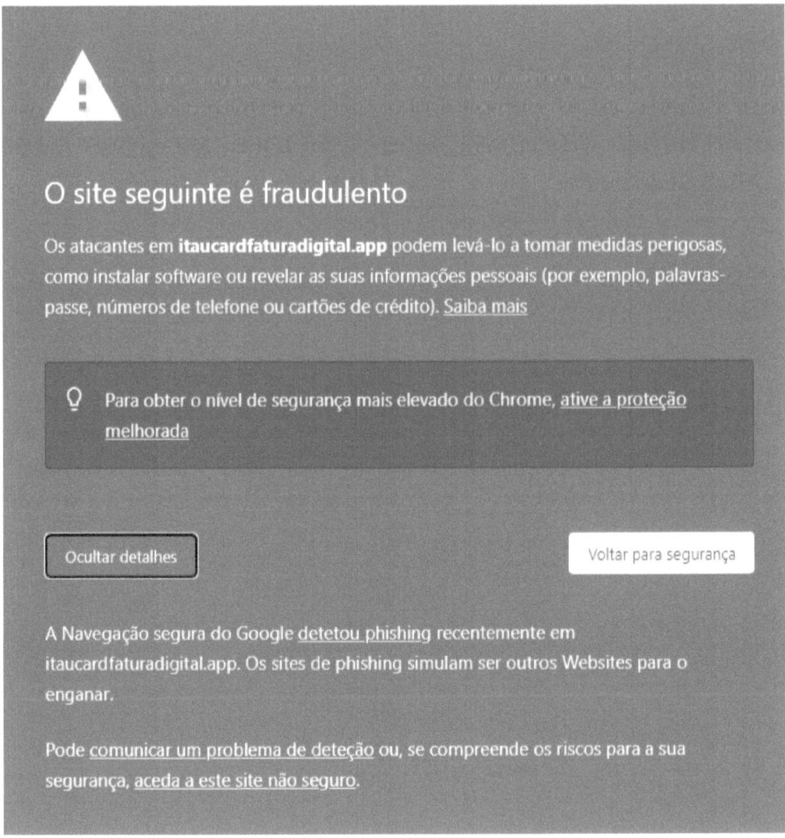

Aviso do navegador Google Chrome sobre site falso e tentativa de golpe (Imagem: Internet)

Para lojas, sempre busque o nome da empresa em sites de avaliação e reclamações. Um bom exemplo é o Reclame Aqui, que reúne reclamações de diversos consumidores dos mais diversos setores. Se a loja que você está pesquisando tem muitas avaliações negativas e relatos ruins, não se arrisque. Outro fator de alerta para determinar a legitimidade de uma loja online é a falta de avaliação e de presença online fora do site da própria loja. Quando você entra no site da loja, ela tem milhares de avaliações de supostos clientes em seus produtos, porém quando você procura por avaliações ou reclamações fora do site da loja, não encontra nada. Isso é um indício de que a loja pode ser falsa.

Outro fator são preços muito baixos em relação as outras opções de loja online do mesmo setor. Muitas vezes esses preços são propositalmente atrativos para garantir que as vítimas se interessarão em realizar a compra pelo site deles.

Procure por informações de contato, como endereço físico, número de telefone e endereço de e-mail. Sites legítimos geralmente têm essas informações disponíveis.

PHISHING

Phishing é uma das artimanhas mais comuns e perigosas no mundo digital. Neste capítulo, exploraremos detalhadamente o que é phishing, como funciona e como você pode se proteger contra ele. Phishing é um termo criado a partir da palavra fishing, que em português quer dizer pescaria,

No vasto ciberespaço, os golpistas lançam iscas na forma de mensagens de e-mail, mensagens de texto ou até mesmo em redes sociais, fazendo-se passar por empresas legítimas, instituições financeiras ou até mesmo conhecidos. Essas mensagens geralmente contêm solicitações de informações pessoais, como senhas, números de cartão de crédito, dados bancários e até mesmo informações de identificação pessoal, como números de CPF.

Os golpistas utilizam táticas de engenharia social para criar mensagens convincentes que induzem as vítimas a acreditarem que estão lidando com fontes confiáveis. Essas mensagens frequentemente incluem links para sites falsos que se parecem com sites legítimos, mas são projetados para coletar informações sensíveis quando você os visita. Isso é o phishing.

O conhecimento sobre phishing e suas táticas é essencial para proteger-se contra esse tipo de golpe. Quando você receber algum tipo de mensagem, sempre verifique pelos seguintes itens que podem denunciar que a mensagem é na verdade phishing:

1. Erros de ortografia e gramática nas mensagens;
2. URLs suspeitos ou ligeiramente alterados de sites legítimos, se você não tem certeza de que o site ou remetente é legítimo, solicite ajuda;
3. Pressão para agir imediatamente, como "sua conta será suspensa", "uma compra foi realizada em seu nome", "promoção encerrando em 30 minutos", "seu saldo será bloqueado";
4. Pedidos de informações pessoais ou financeiras. Os bancos não pedem sua conta e senha por e-mail;

5. Se a mensagem diz ser de um banco, não clique nos links, digite o endereço original do site no navegador e entre na sua conta por lá, não pelo link da mensagem;
6. Se você tem outras mensagens que tem certeza serem legítimas, compare com as mensagens duvidosas, compare os remetentes, a qualidade da mensagem, os links exibidos etc. Se ela não apresentar os mesmos elementos e nível de legitimidade da primeira, descarte a possibilidade de ser algo real.

Evite baixar anexos de remetentes desconhecidos, pois os ataques de phishing podem incluir redirecionamentos para sites falsos ou tentativas de fazer você baixar arquivos maliciosos, como software de espionagem ou ransomware (o sequestro de dados). Portanto, é importante recusar o download de anexos não solicitados, independentemente do tipo de arquivo, seja ele um documento compactado, PDF, arquivo de texto ou planilha. Essa precaução é fundamental para manter a segurança digital.

Cuidado, as mensagens de phishing tem ficado cada vez mais sofisticadas e com um apelo maior. Se você se deparar com qualquer uma delas e não conseguir identificar, procure ajuda da empresa em questão ou de alguém de confiança.

Uma outra febre que tem tomado conta das redes sociais são as notícias falsas em sites e perfis suspeitos, no exemplo abaixo é possível encontrar num grupo de compras e vendas no Facebook, uma notícia que, na maioria das vezes será algo chocante, como a notícia abaixo, e para as pessoas não avisarem os outros que isso é um golpe ou uma maneira de roubar informação das pessoas, os comentários da publicação são bloqueados.

Fique atento a esses sinais, sempre que os comentários de alguma divulgação de link forem bloqueados desconfie! Pode ser para você não ser avisado sobre algo de errado na publicação.

Tristeza em #ourofino ,Quem é a mãe que foi encontrada sem vida dentro de casa; filho de 2 anos viu toda a... Ver mais

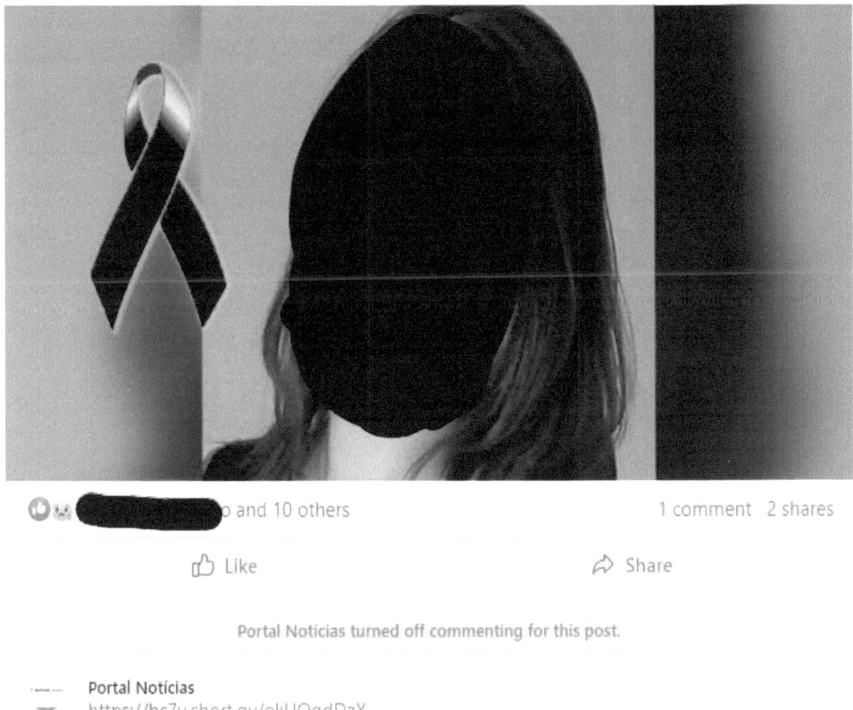

and 10 others 1 comment 2 shares

Like Share

Portal Notícias turned off commenting for this post.

Notícia falsa e com comentários bloqueados para atrair vítimas (Imagem: Facebook)

Outro ponto que você pode verificar é abrir o perfil em questão. Ao visitar o perfil que postou a notícia, é possível perceber que ele foi criado recentemente e não tem muita informação, o que leva a outro sinal de alerta.

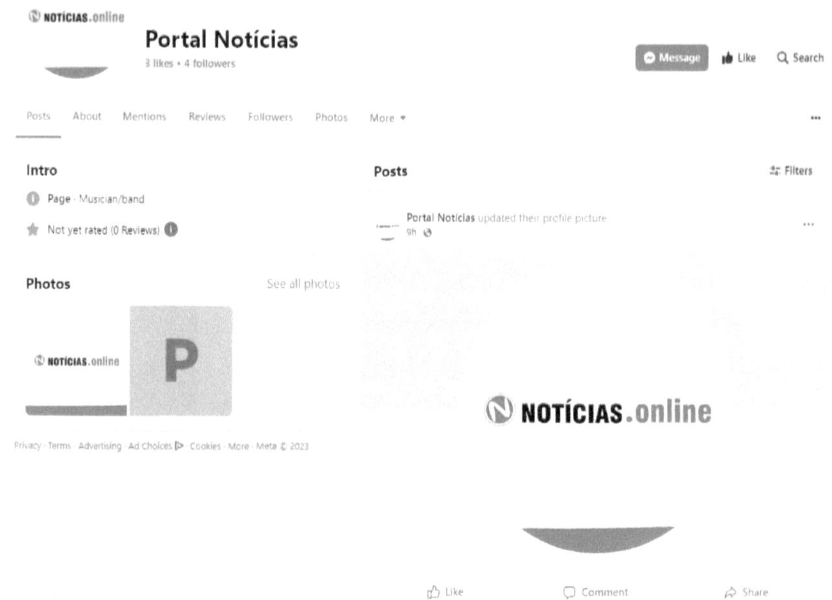

Perfil recém-criado que divulgou as notícias sensacionalistas com comentários desativados (Imagem: Facebook)

No perfil é possível perceber que só há uma publicação atualizando a foto de perfil para parecer um portal de notícias, o perfil não tem nenhuma avaliação e poucos likes, provavelmente de pessoas que clicaram nos links suspeitos. Nesse caso não clique em notícias desse tipo, os links que essas pessoas postam podem ser qualquer coisa, desde apenas títulos sensacionalistas para atrair cliques em propagandas até roubo de informação ou download de programas maliciosos.

Se você recebe muitas tentativas de phishing, uma opção para ter mais informações e descobrir de onde seu e-mail está sendo usado é adicionar o "+NOME" no e-mail quando você for se cadastrar. Por exemplo, se seu e-mail é usuario@gmail.com e você quer se registrar na Netflix e no Instagram, você pode registrar seu e-mail nesses sites como usuario+netflix@gmail.com e usuario+instagram@gmail.com que você receberá as comunicações normalmente na sua caixa de e-mail do usuario@gmail.com.

O que acontece é que quando você adiciona o + e alguma palavra na frente, você está criando um "apelido" para o seu e-mail. Quando a

Netflix, Instagram ou qualquer outro serviço envia o e-mail da maneira que você digitou, o servidor que repassa o e-mail entende que tudo que está antes do + é o endereço de e-mail e te entrega a mensagem.

de:
para: <usuario+netflix@gmail.com>
data: 15 de set. de 2023, 11:53

Remetente receberá normalmente as mensagens (Imagem: Internet)

O e-mail chegará normalmente em usuario@gmail.com mesmo com o +netflix adicionado. Se você configurou suas contas assim, ou alterou o e-mail posteriormente para ficar dessa maneira, sempre que você receber uma tentativa de golpe por e-mail, verifique se o destinatário contém algum sufixo para saber se algum serviço vazou suas informações.

VISITAS INESPERADAS

Quando você suspeitar que é um golpista comparecendo a sua casa em tentativas de golpes presenciais, é fundamental tomar medidas para validar a legitimidade da situação. Aqui estão algumas dicas sobre o que fazer:

1. O mais importante é antes de tudo NÃO destrancar o portão ou porta de acesso a casa, você nunca sabe as intenções da pessoa que resolveu parar ali;
2. Sempre solicite uma identificação oficial, como um crachá, carteira de identidade ou identificação funcional. Verifique cuidadosamente os detalhes, como nome, foto e nome da empresa, se aplicável. Certifique-se de que a identificação seja válida e esteja atualizada;
3. Se a pessoa se recusou a dar uma identificação oficial, não continue o contato, se possível ligue para a polícia informando que há um golpista em seu endereço;
4. Entre em contato com a empresa ou organização que o suposto representante alega representar. Use informações de contato obtidas anteriormente, como números de telefone listados no site oficial da empresa, para verificar se eles enviaram alguém até

você. Não use os números fornecidos pelo suposto representante, pois podem ser falsos;

5. Não compartilhe informações pessoais ou financeiras com o suposto representante até ter certeza de sua legitimidade. Os golpistas muitas vezes tentam obter informações confidenciais para fins fraudulentos;
6. Evite ser pressionado a tomar decisões rápidas. Golpistas frequentemente usam táticas de pressão para fazer com que as vítimas ajam impulsivamente. Peça tempo para pensar e verificar as informações;
7. Solicite qualquer informação relevante por escrito, como um contrato ou proposta por escrito da empresa ou organização. Isso pode ajudar na validação posterior;
8. Anote o número da placa do veículo usado pelo suposto representante. Isso pode ser útil para rastrear a origem do veículo, caso necessário;
9. Se você ainda estiver incerto sobre a legitimidade da visita, entre em contato com um amigo ou membro da família para obter uma segunda opinião antes de tomar qualquer medida;
10. Se você suspeitar que a situação é realmente um golpe ou se sentir ameaçado, chame a polícia imediatamente e relate o incidente.

Lembre-se de que é importante confiar em seu instinto e não hesitar em tomar medidas para proteger sua segurança e privacidade. Golpistas frequentemente contam com a falta de cautela das vítimas, por isso esteja sempre alerta em situações suspeitas.

Além das medidas mencionadas, é fundamental não permitir que o suposto representante entre em sua residência até que sua identidade e propósito sejam completamente verificados e confirmados. Se você não se sentir à vontade com a situação, simplesmente recuse a entrada e peça que a pessoa aguarde do lado de fora. Um profissional legítimo e ético compreenderá sua precaução e estará disposto a esperar até que você se sinta seguro.

Outra precaução importante é documentar a visita. Isso pode ser feito tirando fotos da identificação do representante, do veículo e de qualquer outra coisa relevante. Se você acabar sendo vítima de um golpe ou tiver suspeitas posteriores, essas evidências podem ser úteis para as autoridades policiais e para seu próprio registro. O registro de incidentes é uma etapa importante no processo de combate a golpes, pois ajuda a construir um caso sólido contra os golpistas e a prevenir futuras tentativas. Outra vantagem é que se a visita partiu de uma empresa legítima, caso você tenha algum problema com o serviço ou produto prestado você tem evidências da visita e de quaisquer outros detalhes válidos de se registrarem.

VERIFICAR VAZAMENTO DE EMAIL

Para verificar se seu nome de usuário ou endereço de e-mail foi comprometido em alguma violação de dados na internet, você pode usar serviços e sites que rastreiam essas informações. Nesse capítulo você encontrará algumas dicas para verificar se seus dados foram vazados.

HAVE I BEEN PWNED?

O "have i been pwned?" é um serviço grátis que varre a internet em busca de dados e bases vazadas e cria um registro para ajudar a detectar se seu e-mail foi ou não vazado em algum vazamento de dados conhecido.

Ao acessar o site, em www.haveibeenpwned.com, você se depara com uma tela de busca onde deverá inserir o endereço de e-mail que você deseja verificar.

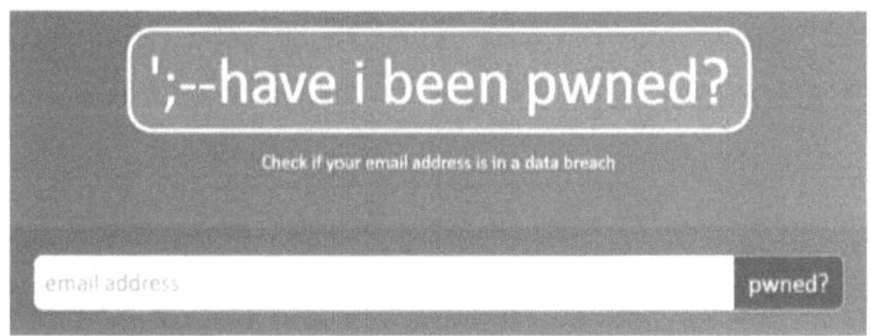

Caixa de busca do site haveibeenpwned.com para pesquisa de endereço de e-mail (Imagem: Internet)

Ao inserir o endereço de e-mail e clicar em "pwned?", o site fará uma verificação no banco de dados que contém os vazamentos conhecidos e apontará se o seu e-mail está envolvido em algum deles. Em muitos casos o site indica inclusive quais tipos de dados estavam incluídos nesse vazamento, como nome, senha, data de nascimento, e-mail etc.

O site é em inglês, porém você pode usar a tradução do navegador para entender o resultado, basta clicar com o botão direito e selecionar "Traduzir para português" ou alguma opção parecida no navegador que você está utilizando.

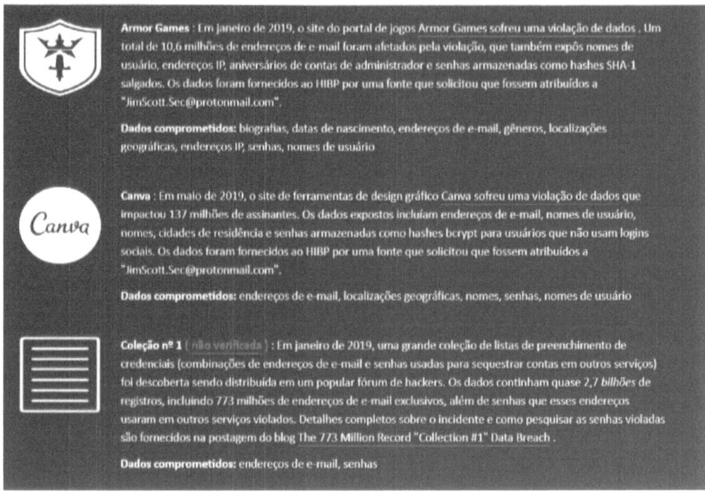

Resultados do site haveibeenpwned.com para pesquisa de endereço de e-mail (Imagem: Internet)

Os dados para cada vazamento registrados são bem completos e o ideal é checar de tempos em tempos se o seu e-mail não esteve envolvido em um novo vazamento.

Se você identificar que o seu e-mail está envolvido em um vazamento de dados, altere imediatamente suas senhas que são iguais a senha do serviço violado. Na dúvida, altere todas as senhas, se você não tem certeza de alguma senha igual a senha vazada.

No site também é possível verificar dados sobre as maiores violações e as violações adicionadas recentemente, o que também auxilia a identificar se você pode ter sido vítima de algum vazamento de dados. Se você conhece alguém que utiliza um serviço que teve seus dados vazados, notifique o quanto antes a pessoa para que tome as ações necessárias também.

Uma outra opção, mesmo se você não usa o navegador Firefox, o Mozilla Firefox Monitor oferece uma ferramenta de verificação de e-mail que verifica se seu endereço de e-mail foi comprometido em uma violação de dados. Você pode acessar o serviço em https://monitor.firefox.com.

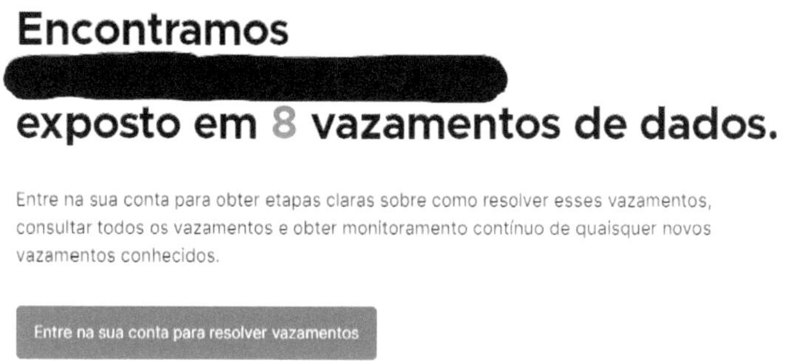

Encontramos

exposto em 8 vazamentos de dados.

Entre na sua conta para obter etapas claras sobre como resolver esses vazamentos, consultar todos os vazamentos e obter monitoramento contínuo de quaisquer novos vazamentos conhecidos.

Entre na sua conta para resolver vazamentos

Resultado de busca na ferramenta de monitoramento do Mozilla Firefox (Imagem: Internet)

Se você usa serviços do Google, como o Gmail, Google Drive e outros, o Google Password Checkup verifica se suas senhas ou endereços de e-mail foram expostos em violações de dados. Ele está integrado à verificação de senha do Google e notificará você se encontrar informações comprometidas.

Alguns serviços permitem que você configure alertas para ser notificado se seu endereço de e-mail aparecer em futuras violações.

Lembre-se de que essas ferramentas fornecerão informações sobre violações conhecidas, mas não garantem que você esteja protegido contra todas as ameaças. Além de verificar se seus dados foram comprometidos, é fundamental adotar boas práticas de segurança, como o uso de senhas fortes e exclusivas para cada serviço, a ativação da autenticação de dois fatores sempre que possível e a verificação regular de suas contas online quanto a atividades suspeitas.

COMPROVANTES DE PAGAMENTO

Muitos golpistas recorrem à criação de comprovantes falsos para enganar suas vítimas, seja em transações online ou presenciais. Neste capítulo, você aprenderá técnicas e dicas para verificar a autenticidade de comprovantes de pagamento e evitar cair em golpes.

1. Comece examinando os detalhes da transação no comprovante, como a data, o valor e o beneficiário. Certifique-se de que todas

essas informações correspondem ao que foi acordado na negociação;
2. Verifique se os dados do pagador no comprovante coincidem com as informações que você possui sobre a pessoa ou empresa que fez o pagamento. Isso inclui o nome completo e, se possível, o CPF ou CNPJ;
3. Se o comprovante tiver um código de barras ou código QR, analise-o com um aplicativo de leitura apropriado. Verifique se os dados do código correspondem aos detalhes da transação;
4. Se você tiver alguma dúvida sobre a autenticidade do comprovante, entre em contato com o banco ou a plataforma de pagamento que processou a transação. Eles podem verificar se o comprovante é legítimo;
5. Acesse sua conta bancária ou plataforma de pagamento para confirmar se a transação foi realmente efetuada. Compare os detalhes do comprovante com os registros em sua conta;
6. Fique atento a sinais de alerta, como erros ortográficos, formatação inadequada ou informações inconsistentes no comprovante. Golpistas muitas vezes cometem pequenos erros que podem revelar a fraude.
7. Tenha cautela com comprovantes de pagamento em que o pagador alega ter agendado a transação para o próximo dia útil. Isso pode ser uma tática para ganhar tempo e receber seu produto antes que você perceba a fraude;
8. Se você ainda não tem certeza da legitimidade do comprovante, considere solicitar outras formas de pagamento, como transferência bancária direta ou pagamento em dinheiro.

Aprender a validar comprovantes é uma habilidade valiosa no mundo digital e nas transações do dia a dia. Não hesite em buscar a ajuda de profissionais financeiros ou autoridades caso suspeite de um golpe. A prevenção é a melhor defesa contra fraudes.

COMO FICAR MAIS PROTEGIDO NO MUNDO ONLINE

À medida que o mundo digital evolui, também aumenta a necessidade de proteger-se contra ameaças e golpes online. Nos capítulos seguintes, exploraremos estratégias e práticas que o ajudarão a ficar mais protegido no vasto cenário da internet. Lembre-se de que, embora não seja possível eliminar completamente o risco, você pode reduzi-lo significativamente com conhecimento e precaução.

SENHAS SEGURAS

Senhas fortes são a primeira linha de defesa contra invasões de contas. Certifique-se de criar senhas únicas para cada serviço ou conta online que você utiliza. Evite senhas óbvias, como "123456", e opte por combinações complexas de letras, números e caracteres especiais. Também não utilize senhas que contenham seu nome/sobrenome, data de nascimento etc. Considere o uso de gerenciadores de senhas para armazenar senhas com segurança e gerar automaticamente senhas fortes.

Uma pergunta. Você é daqueles que já criou senhas complexas e por esquecê-las com frequência acaba optando por utilizar senhas mais simples? Não faça isso, não abra mão da sua segurança em troca de praticidade, há um método melhor de criar senhas e não se esquecer, vamos pensar juntos.

Já imaginou um método para gerar uma senha que demora 327 séculos para um golpista decifrar utilizando um computador comum com os métodos conhecidos atualmente? Vamos criar algumas senhas utilizando esse método e testá-las.

As senhas mais seguras vão precisar de letras, números e caracteres especiais, vamos começar pelas letras. Uma maneira bem fácil de não esquecer as letras que você usa na sua senha é escolhê-las com base em frases que você se lembra ou vê com frequência. Vamos usar três exemplos para no final gerarmos 3 exemplos de senha segura utilizando o método que está sendo explicado.

1. "Água mole, pedra dura, tanto bate até que fura" – Como primeiro exemplo utilizaremos um dito popular;
2. "Tudo posso naquele que me fortalece" – Como segundo exemplo usaremos uma frase bíblica;
3. "Como Ficar Mais Protegido no Mundo Online" – No terceiro exemplo utilizaremos o nome dessa seção.

Como temos que definir 3 coisas (letras, símbolos e números) para a nossa senha, começaremos pelas letras. Para definir as letras, você precisará escolher um padrão, utilizaremos os exemplos anteriores para demonstrar 3 padrões que podem ser aplicados. Lembre-se também que você precisará de letras maiúsculas e minúsculas.

1. Para o primeiro exemplo, pegaremos somente a primeira letra de cada palavra da frase. Para "**Á**gua **m**ole, **p**edra **d**ura, **t**anto **b**ate **a**té **q**ue **f**ura" teremos então as seguintes letras: **ampdtbaqf**. Porém precisamos de letras maiúsculas e minúsculas, onde você pode aplicar outro padrão, por exemplo, alternando para cada letra se ela é maiúscula ou minúscula, teremos o seguinte resultado: **AmPdTbAqF**;
2. Para o segundo, utilizaremos de um padrão que pegará a primeira e a última letra de cada palavra, ignorando o "me" que só tem duas letras. Então para "**T**ud**o** **p**oss**o** **n**aquel**e** **q**u**e** me **f**ortalec**e**", teremos: **toponeqefe**. Para as maiúsculas e minúsculas, utilizaremos as primeiras 3 e as últimas 3 como maiúsculas, ficando assim: **TOPoneqEFE**.
3. No terceiro caso, a frase tem 7 palavras, pegaremos somente as 3 primeiras letras da primeira e da última palavra e as três letras do meio da palavra do meio, então para "**Com**o Ficar Mais Pro**teg**ido no Mundo **Onl**ine", teremos então **comtegonl**, para o padrão de maiúsculas e minúsculas, vamos utilizar somente as vogais como maiúsculas: **comtEgOnl**.

Nos exemplos acima, a complexidade do padrão foi aumentando e as letras geradas para a senha ficaram bem aleatórias, o que ajuda na dificuldade de descobrirem a sua senha. Porém, apesar da sua complexidade, são fáceis de lembrar, você só precisa memorizar qual frase usou e como escolheu essas letras, a partir daí, é somente um trabalho de detetive para você chegar na senha utilizada.

Com as letras definidas, vamos escolher os números, novamente outro padrão pode ser utilizado, vamos escolher três padrões para os exemplos acima:

1. Para **AmPdTbAqF**, podemos utilizar como número a quantidade de letras que a frase tem, então contamos as na frase escolhida e nesse exemplo chegamos ao número 36, que pode ser adicionado

junto as letras de forma integral, duplicado ou separado, por exemplo: **AmPdTbAqF36**, **3AmPdTbAqF6**, **36AmPdTbAqF36**.

2. Para **TOPoneqEFE**, considerando que no alfabeto existem 5 vogais, podemos usar as cinco posições das vogais como valores para elas, somando os valores das vogais na palavra. Como o **O** é a quarta vogal e o **E** é a segunda, somamos os dois **O**s e os três **E**s da palavra e temos 8 + 6, que é 14. Repetindo as mesmas opções de posição do primeiro exemplo temos: **TOPoneqEFE14**, **1TOPoneqEFE4**, **14TOPoneqEFE14**.
3. Finalmente para **comtEgOnl**, podemos somar a quantidade de palavras da frase, que são 7 e pegar a posição da primeira letra do nosso conjunto de letras no alfabeto, como a primeira letra é **C** e ela é a terceira do alfabeto, concatenamos 7 e 3 para gerar 73. Também aplicando o padrão dos outros exemplos: **comtEgOnl73**, **7comtEgOnl3**, **73comtEgOnl73**.

Agora que você já conseguiu gerar letras e números para a sua senha, vamos aos caracteres especiais. Para esse você pode escolher quaisquer dois símbolos que você vá lembrar facilmente, ou também utilizar algum padrão, vamos a alguns exemplos:

1. Para a primeira senha, podemos utilizar os caracteres que estão sempre presentes na estrutura de um endereço de e-mail, que são o **@** e o **.**, pois todo e-mail tem que ter **@**nomedoprovedor**.**com, no mínimo. Coloque esses caracteres na sua senha, como **.AmPdTbAqF36@** ou **AmPdT@.bAqF36**
2. Na segunda, podemos utilizar um exemplo matemático, como a operação de soma. A operação de soma sempre terá dois itens, o + e o =, então utilizaremos esses dois símbolos. Inserindo no conjunto de letras e números: **+TOPoneqEFE14=** ou **TOPone+=qEFE14**
3. O último caso, pode ser algo como os 4 primeiros símbolos no teclado padrão do computador, **!@#$,** e adicionamos isso nas letras e números: **!@comtEgOnl73#$** ou **comtE!@#$gOnl73**

Com isso, as senhas geradas são bem complexas, vamos verificar agora a segurança de uma das senhas geradas, vamos pegar o segundo exemplo e utilizar uma das senhas: **TOPone+=qEFE14**.

Ao verificar a força da senha em um site que estima quanto tempo um invasor demoraria para quebrá-la, utilizando ataques conhecidos, podemos saber a qualidade da senha gerada. Para isso há inúmeras ferramentas de grandes empresas disponíveis, utilizaremos o site da Kaspersky para analisar a senha escolhida.

Ótima senha!

- Sua senha é resistente a invasões.
- Sua senha não aparece em nenhum banco de dados de senhas vazadas.

Sua password pode ser decifrada com um computador doméstico...

327 séculos

Resultados da verificação de senha da ferramenta da Kaspersky (Imagem: Internet)

Além de checar a força da senha e estimar o tempo levado para quebrá-la, algumas ferramentas também checam em bancos de dados de senhas vazadas se essa senha está incluída lá. Pois geralmente esses bancos de dados são usados em ataque de força bruta para tentar ganhar acesso em alguma conta.

A senha gerada é bem segura, porém decorar **TOPone+=qEFE14** parece bem difícil, mas se você seguir a lógica que usou para gerar a senha, consegue lembrar facilmente. Se você esquecer da senha, lembre-se da frase "**Tudo posso naquele que me fortalece**", seguindo a lógica que gerou para a senha. Por exemplo, para recuperar a senha, você só precisa escrever a primeira e última letra de cada palavra, lembrando que as 3 primeiras e as 3 últimas são maiúsculas e vai ter **TOPoneqEFE**, depois some o valor das vogais, obtendo o número **14** e posicionando no final ou como escolheu. Por fim é só lembrar de como gerou os caracteres, lembrando da operação de adição, então adicione o **+=** onde você escolheu, chegando em **TOPone+=qEFE14**.

Outra opção de recuperação é escrever essas regras em um papel, para o caso acima, você pode escrever a lógica e depois só lembrar da frase e seguir as instruções, se alguém encontrar esse papel e não souber da frase, não vai entender o que fazer com as instruções do papel.

Por fim, para adicionar ainda mais segurança na sua senha, uma outra opção é anexar "+NOME" na frente da senha, no caso o NOME seria substituído pelo site ou aplicativo que você está configurando a senha, exemplo: **TOPone+=qEFE14+Email**, **TOPone+=qEFE14+Netflix**, **TOPone+=qEFE14+Apple**, **TOPone+=qEFE1+MercadoLivre**. Mas por que isso? É simples, assim se você utilizar as informações para verificar senhas vazadas, você sabe exatamente qual de qual serviço vazou a senha em questão.

CONFIGURAÇÕES DE PRIVACIDADE

Primeiro vamos analisar as opções de privacidade do seu smartphone, tornando-o mais seguro e diminuindo as chances de alguém roubar informações de você. Para smartphones Android e iOS, é fundamental configurar corretamente as configurações de privacidade para proteger suas informações pessoais.

ANDROID

1. Bloqueio de Tela: Configure um método seguro de bloqueio de tela, como senha, PIN ou biometria (impressão digital ou reconhecimento facial), para evitar o acesso não autorizado ao seu dispositivo. Dê preferência para PIN alfanumérico, que inclui letras e números, ou utilize pelo menos um PIN de 6 dígitos;
2. Atualizações do Sistema: Mantenha seu sistema operacional Android atualizado para obter as últimas correções de segurança. Vá para "Configurações" > "Atualização de Software" para verificar atualizações;
3. Permissões de Aplicativos: Revise e gerencie as permissões concedidas a aplicativos. Vá para "Configurações" > "Aplicativos" e selecione um aplicativo para ajustar suas permissões;
4. Notificações: Em "Configurações", vá para as configurações de notificações e desative exibição de conteúdo enquanto a tela estiver bloqueada. Golpistas ou pessoas mal-intencionadas podem tirar proveito disso para visualizar algum código de ativação ou confirmação sem ou seu consentimento;
5. Bloqueio de Aplicativos: Considere usar um aplicativo de bloqueio de aplicativos para proteger aplicativos sensíveis com senha ou biometria.

IPHONE

1. Código de Acesso ou Face ID/Touch ID: Configure um código de acesso seguro ou use a autenticação biométrica (Face ID ou Touch ID) para proteger seu dispositivo;
2. Atualizações do iOS: Mantenha seu dispositivo iOS atualizado instalando as atualizações mais recentes. Vá para "Configurações" > "Geral" > "Atualização de Software" para verificar atualizações;
3. Permissões de Aplicativos: Revise e gerencie as permissões concedidas a aplicativos em "Configurações" > "Privacidade". Certifique-se de que os aplicativos tenham acesso apenas às informações necessárias;
4. Safari com Bloqueador de Conteúdo: Use o navegador Safari com bloqueador de conteúdo para uma experiência de navegação mais segura;
5. Notificações: Em "Configurações", vá para as configurações de notificações e desative exibição de conteúdo enquanto a tela estiver bloqueada. Golpistas ou pessoas mal-intencionadas podem tirar proveito disso para visualizar algum código de ativação ou confirmação sem ou seu consentimento;
6. Localização: Gerencie as configurações de localização em "Configurações" > "Privacidade" > "Serviços de Localização". Apenas permita que aplicativos confiáveis acessem sua localização quando necessário;
7. Proteção de Dados de Saúde: Se você usa recursos de saúde e condicionamento físico, configure as configurações de privacidade em "Saúde" para controlar como seus dados são compartilhados.

Depois de configurar as opções de privacidade e segurança, é necessário também configurar em aplicativos que você tem perfil e dados online, vamos conhecer algumas configurações e sugestões para os aplicativos online mais comuns em golpes.

A privacidade online é fundamental para proteger-se contra golpes e ameaças. Neste tutorial, mostraremos como gerenciar suas configurações de privacidade no Facebook, Instagram e WhatsApp para manter suas informações pessoais seguras.

FACEBOOK

1. Faça login no Facebook e clique na seta voltada para baixo no canto superior direito da tela. Selecione "Configurações e Privacidade" e, em seguida, clique em "Configurações";
2. No menu à esquerda, clique em "Privacidade". Aqui, você pode definir quem pode ver suas publicações futuras, quem pode enviar solicitações de amizade e outros;
3. Na seção "Verificação de Identidade", verifique as configurações para garantir que apenas pessoas que você conhece possam entrar em contato com você;
4. Em "Bloqueio", você pode adicionar pessoas específicas a uma lista de bloqueio para evitar que elas o incomodem;
5. Localização: Clique em "Localização" e ajuste quem pode ver sua localização atual, especialmente se você costuma fazer check-ins em lugares;
6. Na seção "Gerenciar Seu Perfil", você pode personalizar quais informações são exibidas em seu perfil e quem pode ver essas informações.

Para garantir a máxima privacidade no Facebook e proteger suas informações contra desconhecidos e golpistas, é recomendável configurar seu perfil da seguinte forma:

1. Configure suas postagens para serem visíveis apenas para "Amigos". Isso garantirá que apenas pessoas que você conhece possam ver seu conteúdo;
2. Restrinja quem pode enviar solicitações de amizade para "Amigos de amigos". Isso ajuda a evitar solicitações indesejadas de desconhecidos;
3. Habilite a "Verificação de Identidade" para garantir que seus amigos estejam interagindo com você e não com perfis falsos;
4. Controle quem pode ver sua localização, configurando-o para "Amigos" ou um círculo mais restrito;
5. Reveja suas informações de perfil e limite a visibilidade de dados sensíveis, como número de telefone e endereço de e-mail, configurando para "Somente Eu";
6. Ative a revisão de postagens em que você é marcado e a aprovação de marcações. Isso permite que você controle o que aparece em seu perfil, pois golpistas podem marcar você em publicações falsas para que isso seja mostrado para seus amigos;

7. Revise quais aplicativos têm acesso aos seus dados e remova aqueles que não são essenciais.

Lembre-se de que as configurações de privacidade podem mudar ao longo do tempo, portanto, faça revisões periódicas para garantir que suas informações estejam bem protegidas. Com essas configurações ideais, você estará em uma posição mais segura contra desconhecidos e golpistas no Facebook.

INSTAGRAM

1. Abra o aplicativo Instagram e acesse seu perfil. Toque nas três linhas no canto superior direito e, em seguida, em "Configurações";
2. Role para baixo e encontre a seção "Privacidade". Aqui, você pode definir quem pode ver suas publicações, quem pode enviar solicitações de amizade e muito mais;
3. Se desejar mais privacidade, ative a opção "Conta Privada" para aprovar manualmente quem pode segui-lo;
4. Em "Bloquear", você pode adicionar contas específicas à lista de bloqueio;
5. Desative a opção "Mostrar Atividade de Status" se você não quer que outros vejam quando você esteve online pela última vez.

Para proteger suas informações no Instagram contra desconhecidos e golpistas, é aconselhável configurar suas opções de privacidade da seguinte maneira:

1. Torne sua conta privada para que apenas as pessoas que você aprovar possam seguir você e ver suas postagens;
2. Ative a opção de autenticação por dois fatores na sua conta, assim mesmo que o golpista consiga a senha, ele não conseguirá concretizar o login na sua conta sem o código;
3. Mantenha uma lista de bloqueio atualizada, bloqueando contas suspeitas ou indesejadas para evitar interações indesejadas;
4. Defina opções para controlar quem pode comentar em suas postagens e enviar mensagens diretas. Você pode restringir essas interações apenas para seguidores ou amigos;

5. Ative a aprovação de tags e marcações para controlar quais fotos e postagens em que você é marcado aparecem em seu perfil;
6. Revise a atividade da conta, como "Sessões Ativas" e "Histórico de Pesquisa", e limpe informações que você não deseja que estejam acessíveis;
7. Mantenha suas informações de contato (como número de telefone e e-mail) privadas e visíveis apenas para você;
8. Verifique quais aplicativos de terceiros têm acesso à sua conta e remova aqueles que não são mais necessários.

Lembre-se de que as configurações de privacidade podem mudar ao longo do tempo, então é importante revisá-las regularmente. Ao adotar essas configurações ideais, você estará mais protegido contra desconhecidos e golpistas no Instagram, mantendo suas informações pessoais seguras.

WHATSAPP

1. Abra o aplicativo WhatsApp e toque nos três pontos no canto superior direito. Vá para "Configurações";
2. Toque em "Conta" e, em seguida, em "Privacidade";
3. Você pode configurar quem pode ver sua "Visto por Último", "Foto do Perfil" e "Info". Escolha entre "Todos", "Meus Contatos" ou "Ninguém";
4. Ative ou desative a "Confirmação de Leitura" conforme sua preferência;
5. Em "Grupos", escolha quem pode adicioná-lo a grupos: "Todos", "Meus Contatos" ou "Ninguém";
6. Você pode bloquear contatos indesejados em "Bloqueados".

Para proteger suas informações no WhatsApp contra desconhecidos e golpistas, siga estas dicas para configurar sua privacidade de forma adequada:

1. Na opção da foto de perfil, configure para "Meus Contatos" ou "Ninguém" para evitar que pessoas desconhecidas vejam sua foto;
2. Selecione quem pode ver sua informação de perfil. "Meus Contatos" é uma opção recomendada;

3. Escolha quem pode ver a última vez que você esteve online. Novamente, "Meus Contatos" ou "Ninguém" é uma opção mais segura;
4. Controle quem pode ver seu status, definindo-o para "Meus Contatos" ou "Ninguém";
5. Configure suas configurações de privacidade de grupos para que apenas seus contatos possam adicionar você a grupos. Isso evita que estranhos o adicionem a grupos sem sua permissão;
6. Ative a verificação em duas etapas nas configurações de conta para adicionar uma camada extra de segurança à sua conta.

Configurar essas opções de privacidade ajudará a proteger suas informações no WhatsApp contra desconhecidos e golpistas, garantindo que apenas pessoas de confiança tenham acesso aos seus dados pessoais e atividades no aplicativo.

As instruções não contêm imagens pois elas podem ficar datadas facilmente com alguma atualização do aplicativo ou site, sempre avalie cada configuração com base no que você aprendeu nesse manual, lembre-se sempre de proteger suas informações de pessoas desconhecidas.

E AGORA, ONDE EU DENUNCIO O GOLPISTA?

Agora que você está bem-informado sobre os golpes e como se proteger contra eles, é importante saber como denunciar tentativas de golpe. Denunciar atividades fraudulentas é fundamental para ajudar a proteger você e outros potenciais alvos. Neste capítulo, vamos explorar como fazer denúncias às autoridades, empresas e outras entidades relevantes.

DELEGACIA DE POLÍCIA

Se você foi vítima de um golpe ou suspeita de atividade criminosa, agir com rapidez é crucial. Uma das primeiras medidas que você deve tomar é fazer uma denúncia em sua delegacia de polícia local. Essa é a primeira linha de defesa contra crimes e golpes, incluindo aqueles que ocorrem online.

Ao fazer a denúncia, lembre-se de fornecer todos os detalhes relevantes para ajudar na investigação. Isso inclui registros de mensagens, números de telefone, e-mails e informações sobre as transações financeiras. Quanto mais informações você puder disponibilizar, mais sólida será a base para a polícia investigar e tomar as medidas necessárias.

Além disso, em casos que envolvem crimes cibernéticos, como golpes online, a delegacia de crimes virtuais pode ser a entidade mais adequada para lidar com a situação. Essas delegacias são especializadas em investigar crimes que ocorrem no ambiente digital, como fraudes, phishing e roubo de identidade online.

Portanto, ao fazer sua denúncia, certifique-se de informar à polícia se o caso se enquadra em um crime virtual. Isso garantirá que seu caso seja direcionado para as autoridades competentes e que as investigações sejam conduzidas por especialistas em crimes cibernéticos.

As delegacias para crimes virtuais geralmente estão localizadas em cidades maiores, então se na sua cidade não existe uma delegacia especializada, dependendo da delegacia acionada, também é possível fazer o registro através do Gov.br, pelo Sinesp Delegacia Virtual – DEVIR, onde qualquer cidadão maior de 18 anos e com registro ativo no Gov.br. Você pode obter mais informações e fazer o seu registro através de https://www.gov.br/pt-br/servicos/registrar-ocorrencia-policial-online.

DENUNCIANDO PARA EMPRESAS

Lembre-se sempre de manter registros detalhados de todas as comunicações e transações relacionadas ao golpe. Isso pode ser valioso durante investigações e denúncias. Esteja disposto a cooperar com as autoridades e siga suas instruções. Denunciar golpes não apenas ajuda a combater a criminalidade, mas também contribui para proteger outras pessoas de cair nas mesmas armadilhas. Sua ação pode fazer a diferença na prevenção contra fraudes e golpes.

BANCOS E INSTITUIÇÕES FINANCEIRAS

Se você suspeitar que está envolvido em um golpe financeiro, entre em contato com seu banco ou instituição financeira imediatamente. Eles podem ajudá-lo a proteger sua conta, investigar transações suspeitas e, em alguns casos, reembolsar seu dinheiro. Para isso procure os canais oficiais de contato do banco ou instituição e fale com um atendente, explicando com detalhes o que exatamente ocorreu.

PLATAFORMAS ONLINE

Muitos golpes ocorrem em plataformas online, como redes sociais, lojas virtuais ou sites de leilão. Denuncie atividades suspeitas diretamente à plataforma. A maioria das empresas tem políticas rigorosas contra atividades fraudulentas e tomará medidas para investigar e remover contas de golpistas.

As opções de denúncia na maioria das vezes estarão presentes nas opções da publicação, do perfil ou do chat em que você está. Geralmente o menu que mostra essa opção fica localizado no canto superior direito e tem a forma de uma engrenagem ou apenas 3 pontos (...). A qualquer sinal suspeito ou conteúdo que você reconheça que se encaixe em um golpe, utilize a opção de denunciar, assim o conteúdo é removido o quanto antes, diminuindo a quantidade de pessoas a qual ele é exposto.

PROCON

O Procon é um órgão de defesa do consumidor que atua na proteção dos direitos dos consumidores. Se você foi vítima de um golpe relacionado a produtos ou serviços, pode denunciar ao Procon de seu estado. Se você comprou e não recebeu, ou se a empresa pegou o seu dinheiro em troca de algum produto ou serviço e não responde mais, faça também uma denúncia formal ao PROCON do seu estado, levando a identificação da pessoa/empresa e os termos em que a negociação ocorreu, mensagens, áudios etc.

CONCLUSÃO

Chegamos ao final deste manual de defesa contra golpes, e esperamos que você tenha adquirido um conjunto valioso de conhecimentos e estratégias para se proteger no mundo digital e preservar sua segurança financeira e pessoal. Como vimos ao longo deste livro, o cenário dos golpes está em constante evolução, com um número crescente e assustador de táticas enganosas e criminosos ávidos por explorar a confiança das pessoas. No entanto, armado com o conhecimento e as ferramentas adequadas, você pode se tornar uma fortaleza virtual contra essas ameaças.

Testemunhamos como os golpes online se tornaram uma epidemia global, afetando milhões de pessoas a cada ano. A variedade de golpes é surpreendente, indo desde o clássico golpe do recibo falso até as táticas mais sofisticadas de phishing e engenharia social, como o golpe da mão fantasma. Como sociedade, enfrentamos uma responsabilidade coletiva de conscientização e prevenção. É essencial que cada um de nós compreenda a extensão dessas ameaças e tome medidas proativas para proteger-se e proteger aqueles ao nosso redor. O conhecimento é uma das armas mais eficazes contra os golpes online, e é por meio da disseminação desse conhecimento que podemos criar uma comunidade online mais segura e resistente contra essa epidemia virtual.

Neste manual, exploramos histórias reais de pessoas que caíram em golpes e sofreram as consequências devastadoras. Suas experiências nos lembram da importância de manter a vigilância e a cautela em todas as interações online. Lembremos de suas histórias ao nos depararmos com situações suspeitas e mantenhamos a empatia por aqueles que foram vítimas desses golpes.

Também aprofundamos nossa compreensão sobre as técnicas que os golpistas utilizam, desde o phishing até a manipulação emocional. Compreender como esses criminosos operam é o primeiro passo para nos proteger contra eles. Ao aprender sobre os sinais de alerta e as táticas comuns, podemos evitar cair em suas armadilhas. Este manual forneceu orientações detalhadas sobre como validar informações, proteger-se contra fraudes e manter-se seguro no mundo digital. Desde a verificação de comprovantes de pagamento até a configuração de suas redes sociais com segurança, você agora possui as ferramentas para se proteger contra golpes online e presenciais.

Finalmente, discutimos a importância de denunciar golpes. Ao reportar esses crimes às autoridades competentes e às empresas envolvidas, estamos contribuindo para a prevenção de futuros golpes e para a justiça. A responsabilidade coletiva desempenha um papel fundamental em nossa segurança online.

Em resumo, o mundo dos golpes é vasto e complexo, mas você não está indefeso. Ao estar atento, educado e vigilante, você pode se proteger e proteger aqueles ao seu redor. Este manual é apenas o começo de sua jornada para uma vida mais segura no mundo digital. Mantenha-se atualizado, compartilhe o conhecimento e continue protegendo-se contra os golpes. Juntos, podemos criar um ambiente online mais seguro e confiável para todos. Lembre-se: a melhor defesa é o conhecimento.

SOBRE O AUTOR

O autor é um profissional altamente experiente em segurança da informação e sistemas, com uma sólida trajetória em empresas de renome. Seu conhecimento abrange diversas áreas, desde a gestão de segurança e sistemas até a implementação de políticas e processos relacionados à segurança de dados e privacidade.

Com mais de dez anos dedicados ao mundo da tecnologia da informação, o autor acumulou uma rica experiência trabalhando diariamente com solicitações e problemas de TI. Durante esse período, além da formação em Engenharia da Computação na Universidade Federal de Itajubá, ele se destacou na identificação e desativação de sistemas não utilizados, na implementação de controles essenciais em sistemas e no desenvolvimento de soluções simples para problemas técnicos complexos. Além disso, liderou com sucesso a transição de fornecedores de TI e gerenciou aprimoramentos em projetos críticos.

A carreira na segurança da informação do autor teve início na Ambev, onde ocupou a função de Especialista em Segurança da Informação. Nessa posição, ele desempenhou um papel fundamental em projetos relacionados à LGPD e GDPR, regulamentações essenciais para a privacidade de dados. Seu trabalho consistiu na criação de novos processos e políticas de segurança, bem como na gestão cuidadosa do inventário de ativos. Ele também analisou minuciosamente projetos sob a perspectiva de privacidade e segurança, resultando na elaboração de relatórios repletos de recomendações técnicas para a mitigação de riscos.

Mais tarde, como consultor sênior de segurança na EY, o autor elevou ainda mais sua expertise. Ele se especializou na identificação de vulnerabilidades em ferramentas e processos de clientes, oferecendo recomendações de mitigação em todos os níveis, desde aspectos de negócios até aspectos técnicos. Além disso, implementou com êxito ferramentas de segurança destinadas à prevenção de vazamento de informações, colaborando em projetos estratégicos com grandes clientes do setor financeiro. Sua contribuição abrangeu análises aprofundadas de políticas e processos, resultando na implementação de soluções eficazes de prevenção de perda de informações.

Em sua posição mais recente como Líder de Segurança e Sistemas na Rock Content, o autor é responsável por gerenciar o escopo de TI e Segurança da empresa. Suas responsabilidades incluem a padronização de serviços, melhorias nos processos e a integração de tecnologias essenciais. Sua busca pela excelência em segurança resultou na obtenção do certificado SOC2 Type 2, validando diversos controles de processos e TI. Além disso, ele automatizou com sucesso tarefas de gerenciamento e execução de tickets de TI, tornando os processos mais eficientes. Não menos importante, o autor empreendeu esforços para garantir que todas as políticas de privacidade e contratos estivessem em conformidade com regulamentações vitais, como LGPD e GDPR.

A vasta experiência e a trajetória do autor o qualificam como um especialista de destaque em segurança da informação, privacidade de dados e gestão de TI. Seu conhecimento sólido e conquistas notáveis adicionam uma dimensão de credibilidade e relevância significativas a este manual, proporcionando aos leitores insights valiosos e orientações sólidas para a prevenção de golpes e a proteção contra ameaças digitais.

www.ingramcontent.com/pod-product-compliance
Ingram Content Group UK Ltd.
Pitfield, Milton Keynes, MK11 3LW, UK
UKHW041644190726
13854UKWH00006B/2687

9 786526 609293